死別の悲しみに向き合う

グリーフケアとは何か

坂口幸弘

講談社現代新書

2185

はじめに

出会いと別れ

〝人生、山あり谷あり〟という名文句は、一九六八年に日本で発売された初代「人生ゲーム」のテレビコマーシャルで流されたキャッチフレーズである。

高度経済成長の絶頂期にあった当時、億万長者を夢見ながら、波瀾万丈な人生を疑似体験できる「人生ゲーム」は大ヒット商品となった。このゲームが発売されたころに社会人としての一歩を踏み出しはじめた、いわゆる団塊の世代は、そろそろ定年退職の季節を迎えている。

これまでの人生をふりかえったとき、ゲームほどではないかもしれないが、よいできごともあれば、悪いできごともあったことだろう。人生の歩みのなかで、私たちはなにかを得ることばかりではないし、なにかを失うことばかりでもない。よいことも悪いことも含めて人生である。

とくに人との出会いと別れは、人生における中心的な要素である。よき出会いは人生を豊かにし、日常に彩《いろど》りを与えてくれる。一方で、大切な人との別れは人生を暗闇で包みこみ、深い悲しみの日々をもたらす。私たちの人生は、出会いと別れの連続であるともいえる。最終的にはみずからの死によって、みなと別れると考えれば、出会いの数と同じだけの別れがあると言ってもまちがいではない。

人との悲しい別れ、とくに大切な人との死別は、残された者の心身や人生にはかりしれない影響を及ぼす。遺族のなかには、まるでそこで時間が止まってしまったかのように、過去の思い出のなかを生きる人もいる。亡き人の背を追うかのごとく、死別からほどなくして、みずからの死を迎える人さえいるようである。一方で、死別の悲しみを糧《かて》に、新たな人生の一歩を踏み出す人もいる。死別という同じできごとに直面しても、人によってその体験は大きく異なるように思われる。

そもそも死別とはどのような体験であろうか？

大切な人を亡くしたとき、人はなにを感じ、なにを思うのだろうか？

悲しみの波間で

死別は誰もが経験しうる体験であるが、その体験について断片的に見聞きすることはあっても、くわしく知る機会は少ない。多くの人は、死別という体験に関してほとんどなにも知らないままに、みずからの身をもって大切な人との死別を経験することになる。あたかも泳ぎかたを知らず、救命具もない状態で、悲しみの海に放りこまれたようなものである。それでもなんとか自力で岸までたどり着ける人は多いが、果てしなく広く深い悲しみの波間で、もがき苦しみ、助けの手を必要とする人もいるだろう。

自分が死別したときに、その体験とどのように向き合っていけばよいのだろうか？身近な人が死別したとき、どうすればその人の力になれるのだろうか？

本書ではこれらの問いについて、最新の研究知見を踏まえつつ、先人たちの言葉や遺族の生の声を交えながら、その答えを模索した。本書で紹介した遺族の声の多くは、私が過去に実施した調査を通じて出会った方々や、私がこれまでに関わってきた〝グリーフケア〟と呼ばれる死別体験者を支援する活動、たとえばホスピスや葬儀社での取り組みや、死別体験者同士が互いに支え合うセルフヘルプ・グループなどのなかでお会いした方々から聞かせていただいたものである。

お一人おひとりにつらい別れがあり、その体験から紡《つむ》ぎ出された一つひとつの言葉には、ずっしりとした重みを感じる。本文ではごく一部の遺族の言葉しか紹介していないが、寄せられた数々の声は、私なりに集約し、本書の全般にわたって編《あ》みこんでいるつもりである。みずからの体験を語ることを通して、新たに死別を体験した方々のお役に立つことが、私にお話を聞かせてくださった多くの方々の願いであり、その橋渡しをするのが私の使命であると考えている。

本書を手にした方のなかには、自分自身あるいは自分の身近な人の切実な問題として、いま、まさに死別という現実を前に立ちつくしている人もいるだろう。そのような方々にとって、本書が少しでも、死別という人生の大きな難局を越え、新たな人生の地平へとつながる道しるべとなれば幸いである。

なお、本文では原則として敬称を略し、敬語表現も用いなかった。また、引用文についても表記をやさしくあらためたところがある。お許し願いたい。

目次

第一章　身近なできごととしての死別

1　誰もが経験することではあるけれど……

一年に延べ約六百万人もの人が

死に別れることとは、一部の人だけが運悪く経験するような特殊なできごとではない。自分自身の死のように、すべての人がいつかは必ず経験するとまではいえないが、ある程度の年齢になれば、誰もが一度ならず身近な人の死に出会うことになる。けっして他人事《ひとごと》ではない。幸か不幸か、長生きすればするほど、多くの別れを経験することは避けられない。

いったい一年間にどれだけの日本人が死別を経験しているのだろうか。その数を明確に示すことはできないが、けっして少ない数ではないことだけは確かである。

最近では誰にも看取《みと》られず、死後に引き取り手もいない〝無縁死〟が社会問題になっているが、多くの場合、家族や縁のある人など複数の人が一人の死を悼《いた》む。豊かな人間関係をもった人物が亡くなった際には、数十人、あるいはそれ以上もの人が別れを惜しむこともあるだろう。そのように考えると、一年間に、少なくとも亡くなった人の数倍の人びとが死別を経験していると推定できる。

厚生労働省の〈平成二十三年人口動態統計〉によると、日本人の年間死亡者数は百二十五万三千六十六人であった。一人の死亡者につき、かりに親しい人が平均して五人いたとすれば、延べ約六百万人以上もの人が一年のうちに死別を経験する計算になる。言い換えれば、日本人の約四人に一人は、過去五年のうちに、親しい人を亡くした経験があるともいえる。中高年世代以上の方であれば、まわりの友人や知人を見渡してみると、この数年の間に死別を経験したという人が、少なくとも一人や二人はいるのではないだろうか。

伴侶との死別も、夫婦のどちらかがいずれ経験することになる。

不慮の事故や無理心中などを除き、夫婦が同時に死を迎えるということはまずない。時期のちがいはあるにしても、やがては一方が先に亡くなり、一方が後に残されることになる。伴侶に先立たれる割合は、平均寿命が女性のほうが長いことや、男性のほうが年長者の夫婦が多いことから、全体的にみれば女性が高いが、妻に先立たれる場合もけっして珍しいというわけではない。

平成二十二年の国勢調査によると、七十五歳以上の高齢者の場合、婚姻関係があった女性の半数以上、男性の約五人に一人が配偶者の死をすでに経験している。また、伴侶を亡くした人の割合は、年齢が高くなるにつれて増加傾向が強くなるが、六十五～六十九歳の人の場合でも、女性の約一七パーセント、男性の約五パーセントがすでに配偶者を亡くしている。六十五歳以上の人口が総人口に占める割合が二三パーセントを上回り、いわゆる超高齢社会に突入しているわが国においても、夫婦がそろって老後を迎えられるとはかぎらない。

“矢先症候群”

次に紹介するのは、浄土真宗中興の祖である蓮如上人《れんにょしょうにん》の教えとしてよく知られ、大谷派（東本願寺）では「白骨《はっこつ》の御文《おふみ》」、本願寺派（西本願寺）では「白骨の御文章《ごぶんしょう》」と呼ばれるものの一部である。浄土真宗の葬式や法事ではしばしば読み上げられるので、聞いたことがある人も多いだろう。

されば、朝《あした》には紅顔《こうがん》ありて夕《ゆうべ》には白骨となれる身なり。すでに無常の風きたりぬれば、即ち二つの眼《まなこ》たちまちに閉じ、一つの息ながく絶えぬれば、紅顔むなしく変じて、桃李《とうり》の装いを失いぬるときは、六親眷属《ろくしんけんぞく》あつまりて嘆き悲しめども、さらにその甲斐あるべからず。さてしもあるべき事ならねばとて、野外におくりて夜半《よわ》のけぶりとなしはてぬれば、ただ白骨のみぞのこれり。

この言葉は、人生の無常や人間のはかなさを簡潔に説いている。

誰しもいずれは死を迎えるが、いつ、どのようなかたちで最期を迎えるのかを、私たちは選ぶことができない。残される側からすると、大切な人との最期の別れが、いつなんどき、どのようにやってくるのかはわからない。死や死別は、私たちにとって選択の余地のないできごとなのである。

私たちがなにかを始めようとする、ちょうどそのときに、突如として死が訪れることもしばしばある。私の大学時代の恩師であり、長年ホスピス医として多くの患者さんを看取った経験をもつ柏木哲夫は、これを〝矢先症候群〟と呼び、その一例として、ご主人がホスピスに入院した際の奥様の言葉を紹介している。

　主人は会社人間でこれまでずっと仕事一筋でした。昨年、定年を迎えてホッとし、二人で温泉へでも行ってゆっくりしたいと思っていた矢先にがんで倒れました。

柏木が述べているように、私たちはふだん「生の延長線上に死がある」と思って生きているが、現実には「死を背負って生きている」のである。矢先症候群はそのなによりの証拠である。

このような「～しようと思っていた矢先だったのに……」という死は、残された者の心に深い悔いを残すかもしれない。

きわめて個人的な体験

死別とは、きわめて個人的な体験である。

「伴侶を亡くす」「幼《おさ》な子を亡くす」という一言で表現すれば、同じ体験としてくくられるが、その体験の中身は人によってさまざまである。一人ひとりの体験者がいだく思いには、かなり近い部分もあれば、そうでない部分もある。ひとつとして同じ体験はないと言ってもけっして過言ではない。

大切な人の死を前にしてあらわされる感情や気持ち、それらへの向き合いかたも、人によって大きく異なる。同じ家族のメンバーであったとしても、みな同じとは考えないほうがよい。わが子を亡くしたときの母親と父親、夫を亡くした妻とその子どもたち、親を亡くしたきょうだいなど、おのおのにそれぞれの思いがあり、一人ひとりが自分なりに目の前の死という現実に向き合おうとしているのである。

思いや向き合いかたのちがいは、ときに家族の関係をギクシャクさせる。自分が悲しみに暮れているときに、家族の誰かが亡くなった人のことをすでに忘れてしまったかのように、仕事や趣味などに熱心な姿を見かけると、腹立たしく思うこともあるだろう。

しかし、その人は、亡き人のことを忘れてしまったのではなく、なにかに熱中して悲しみを紛《まぎ》らわすというその人なりの悲しみへの向き合いかたであったのかもしれない。死別という体験はきわめて個別性の高い体験であり、一人ひとりの思いや悲しみかたが尊重されることが大切である。

“わかる”ことは可能なのか

つらい別れを経験した人の言葉として、死別の悲しみ、苦しさは「体験してみないとわからない」としばしばいわれる。

この言葉は、死別以前に想像していたものと、実際の体験がまったくちがったということを意味している。思っていた以上に、実際の体験はつらいものであったということだろう。また、この言葉には、「体験してもいない人に、自分の気持ちがわかってたまるものか」という思いが背景にあるようにも思う。

私も大学院生のころに、遺族の方々にお会いするなかで、「体験のないあなたたちに、言ってもわからないだろうけど……」という言葉を何度かかけられたことがある。

私の授業を受講した福祉を学ぶ学生からは、「死別体験のない私に、ご遺族をサポートすることができるのでしょうか」という問いを投げかけられたこともある。

死別体験者の集まりでは、同じ体験をした者同士だから〝わかる〟ということがしばしば強調され、実際に参加者のあいだに強い一体感や連帯感が生じる。その反面、体験者ではない人にたいしてやや排他的になる傾向がみられることもある。

やはり体験した者でないと、死別した人のことはわからないのであろうか……。

思いや気持ちに寄り添えるかが重要

たしかに体験者一人ひとりが経験する深く複雑な思いを、ほんとうの意味で他者が〝わかる〟ことなど、とうていできないのかもしれない。私は死別した人にかかわる際には、目の前にいる当事者以上に、その人の体験をわかっている人はいないという前提に立つように心がけている。

私たちは、これまでの経験や知識から、それぞれの人の死別という体験をついつい勝手に解釈し、わかった気になりがちである。それは一種のおごりであって、当事者の体験は最終的には当事者にしかわからないという謙虚な姿勢が大切である。

もちろんみずからの過去の死別体験が、同様の体験をした他者への共感や思いやりにつながることは事実としてある。逆に体験者同士であったとしても、相手の体験を尊重する姿勢がなければ、傷つけ合うこともある。

だとすれば、体験がなかったとしても、体験者の声に真摯《しんし》に耳を傾けることで、その人の思いに近づき、支えることはできるのではないか。

体験がなければ遺族のことはわからず、支援もできないということはない。極言だが、もし類似の体験がなければ支援できないというのであれば、死にゆく患者への支援は誰もできなくなる。

実際、死別の経験がなくても、当事者を支援するすばらしい活動をしている方を、私はたくさん知っている。体験があるか、ないかではなく、当事者一人ひとりの体験を尊重し、その思いや気持ちに寄り添えるかが支援するうえで重要なのである。

2 〝悲しみ〟の諸相

〝遺族〟だけが〝死別〟を経験するわけではない

〝死別〟という語は、誰もがよく知る言葉であり、その意味を知るために辞書を引くことはまずない。本書でもここまで何度となく用いているが、とくに説明をくわえてはいない。〝死別〟という言葉の意味をあえて紹介するとすれば、どのように説明できるだろうか。

専門書では、〝死別〟という言葉の定義として、「死によって大切な人を亡くすという経験をした個人の客観的状況」と示されている。この定義で重要なポイントは、「大切な人を亡くす」という表現である。ある人を大切に思っているかどうかは主観的な問題であり、〝大切な人〟の範囲は一概には決められない。その人にとっての大切な人は、必ずしも血縁関係のある家族とはかぎらない。

死別を経験した人のことをしばしば〝遺族〟と呼ぶが、〝遺族〟は「死者の後に残った家族・親族」を意味する言葉であり、いわゆる〝遺族〟だけが〝死別〟を経験するわけではない。故人を大切に思う恋人や友人・知人、学校の先生や生徒なども〝死別〟を経験するのである。

さらにいえば、故人との面識がない場合であっても、悲しみは経験される。人気のある歌手や俳優、スポーツ選手などが亡くなると、多くのファンがその死を悼み、涙を流す姿は、しばしばテレビの情報番組などでも紹介される。本人との面識がなくとも、メディアなどを通して接することで関係性が築かれ、それが失われることで悲嘆が経験されるのである。このように必ずしも〝死別した人＝遺族〟ではない。

ひとりの人が亡くなったとき、なんらかの支援を必要とする人は、いわゆる〝遺族〟以外にもいるかもしれないのである。

公認されない悲嘆

老年学の専門家で、全米ホスピス協会の顧問であるケネス・ドカは一九八九年に、悲嘆を実際に経験しているにもかかわらず、表立って悲嘆をあらわすことや、支援を求めることが社会的に容認されていない人びとにスポットライトを当て、〝公認されない悲嘆〟という言葉で表現した。

その一例が、いわゆる〝遺族〟ではない、恋人や友人、同性愛のパートナー、以前の配偶者や恋人、病院や介護施設の同室者などであり、〝遺族〟と同等もしくはそれ以上に強い悲嘆を経験する可能性があるにもかかわらず、故人との関係性が周囲からは理解されず、十分なサポートが得られないかもしれない。

たとえば、百七名の犠牲者を出した二〇〇五年のJR福知山線脱線事故では、婚約者であった男性を亡くした女性が、「婚約相手を亡くし、生きる希望をなくした」などと書かれた遺書を残して、事故から一年半後に自殺している。この女性にたいして、実際、どのような支援の手がさしのべられていたのかはわからないが、法的な意味での家族以外にも大きな精神的打撃を受けている人は存在しており、その人たちにも支援の目を向けていく必要がある。

しばしば見過ごされるのは、患者や入所者と〝死別〟した医療関係者や施設職員である。公立総合病院の看護師を対象とした私の調査では、患者の看取りの後に看護師の八割以上が「悲しみ」を経験し、六割以上が「自責の念」や「無力感」も経験していた。最近実施した医師を対象とした調査でも、同様の結果が示されている。援助の専門家である医療関係者や施設職員も、援助されるべき悲嘆をかかえている場合がある。

公認されない悲嘆として、失ったこと自体が社会的に認められない場合もある。たとえば、流産や死産。ちなみに、二〇一一年の死産数は二万五千七百五十一人、周産期死亡数

（妊娠満二十二週以後の死産と出生後七日未満の早期新生児死亡を含む）は四千三百十五人であった。このような死は、当事者である父母には大きな衝撃を与えるにもかかわらず、その心情を周囲の人には理解されないこともしばしばある。

ペットロス

死別体験は、人間の死によってのみ生じるわけではない。

ペット愛好家にとっては、ペットの死も深刻な死別体験である。近年では〝ペットロス〟という言葉で認知されつつある。人の死とペットの死を同列に扱うことにたいして抵抗感をもつ人もいるかもしれないが、少子高齢化のいま、ペットを家族同様の大切な存在ととらえている人は少なくない。

一般社団法人ペットフード協会が毎年実施している〈全国犬猫飼育実態調査〉によると、二〇一一年現在、日本での飼育世帯率は犬一七・七パーセント、猫一〇・三パーセントと推定されている。そして内閣府の〈二〇〇一年国民生活選好度調査〉では、飼育者の六四・三パーセントの人が「ペットも家族の一員」ととらえているという。人生の伴侶としての動物という意味の〝コンパニオン・アニマル〟という言葉も生まれている。

ペットに関する情報誌を出版しているベネッセコーポレーションが実施した調査の報告

によると、愛犬を亡くした経験がある飼い主のうち、四五・一パーセントが「不眠」「食欲不振・異常」「腹痛・頭痛」などの身体的不調を経験しているという。ペットの死の場合には、安楽死を含む治療の選択にともない罪悪感をいだいたり、まわりの人との認識のちがいによって孤立感をいだいたりすることもあると指摘されている。

後を追うように

最愛の人を失ってまもなく、残された者も後を追うように亡くなったという話を耳にしたことはないだろうか。

このような死別による悲嘆が死を招くという話は、あながちまちがいとはいえない。事実、いまから四百年近く前の十七世紀、英国の研究報告書には死因のひとつとして「悲嘆」が記載されており、当時の医師の多くが悲嘆は患者を狂気に追いやると信じていたそうである。

英国の精神科医コリン・M・パークスは、一九六〇年代初めから、死別に関する調査研究をおこなう一方で、死別した人への支援活動や、その普及・啓発活動にも献身的に従事するなど、この分野の世界的な第一人者である。

伴侶を亡くした男性を対象とした彼の初期の研究では、死別から六ヵ月以内において死亡率の悪化が認められ、それに関係する疾患として心疾患、とくに冠動脈血栓症とその他の動脈硬化性心疾患が報告されている。このような配偶者の死後に心疾患で亡くなる状況は、〝ブロークンハート・シンドローム〟と呼ばれることもあった。文字どおり、胸が張り裂けるようなさまをあらわしている。

その後の海外での多くの研究も、死別体験によって死亡率が増大することを確認している。配偶者との死別に関していえば、有配偶者と比較し、男性のほうが女性よりも死亡率の増加が大きく、男性においては若い年代のほうが危険は大きいとされている。そして、死亡率の増大に関係するものとして、心疾患、自殺、事故、肝硬変が挙げられている。

スウェーデンでの七十五歳以上の高齢者六十五万八千二十二人を対象とした最近の調査報告でも、過去一年間に配偶者との死別を経験した人は、配偶者が健在の人に比べ、死亡率は一・一八倍であり、向精神薬の服用率が一・四六倍であったことが示されている。また過去の調査では、配偶者を亡くした人の場合、死別後一ヵ月には五〇パーセント、二ヵ月後には二五パーセント、一年では一六パーセントが、うつ病の基準を満たしていたとの報告もある。さらに短期的な影響だけでなく、幼少期の親との死別体験が、成人期のうつ病や不安障害などの精神的問題に及ぼす影響を指摘する声もある。

このように死別はそれにたいする正常な反応として種々の悲嘆の症状を引き起こす一方

で、死亡率や、精神疾患や身体疾患の罹患《りかん》率を高めるリスク要因にもなる。ちなみに日本の国立社会保障・人口問題研究所の分析では、一九九五年における配偶者と死別した人の四十歳時の平均余命は、配偶者が健在な人に比べ、男性で四・一一歳、女性で一・九六歳短いと報告されている。

江藤淳の場合

配偶者との死別経験と自殺との関係も指摘されている。

たとえば、厚生労働省がまとめた資料によると、二〇〇三年から二〇〇七年における配偶者と死別した五十五～六十四歳の人の自殺死亡率は、有配偶者に比べ、男性では二・八倍高く、女性では一・九倍高いことが示されている。この結果の解釈は慎重であるべきだが、配偶者の存在が、自殺の抑止力になっていた可能性は指摘できるであろう。

戦後を代表する文芸評論家であった江藤淳は、四十一年間連れ添った最愛の妻をがんで失い、その後、自身は脳梗塞を発症し、そして妻の死からおよそ八ヵ月後に、六十六歳でみずからの命を絶った。江藤は、妻の闘病記を綴った手記『妻と私』（文藝春秋）のなかで、妻を亡くした後のやるせない心情を述べている。

いったん死の時間に深く浸り、そこに独り取り残されてまだ生きている人間ほど、絶望的なものはない。家内の生命が尽きていない限りは、生命の尽きるそのときまで一緒にいる、決して家内を一人ぼっちにはしない、という明瞭な目標があったのに、家内が逝ってしまった今となっては、そんな目標などどこにもありはしない。ただ私だけの死の時間が、私の心身を捕え、意味のない死に向って刻一刻と私を追い込んで行くのである。

このような死別に起因する死亡率や罹患率の増大、自殺リスクの増大は、社会的な損失にもつながる。

国立社会保障・人口問題研究所の報告によると、自殺やうつ病による社会的損失は、二〇〇九年の単年度で約二・七兆円であると推計されている。この推計額は、その年に自殺で亡くなった方が亡くなられずに働きつづけた場合に得ることができる生涯所得と、うつ病によって必要となる医療費や生活保護費などの減少額の合計である。

死別による心身の健康悪化が、どの程度の社会的損失をもたらしているかは定かではないが、けっして無視できない負の影響があると思われる。死別した人を支援する体制を整えることは、結果的に社会の利益にもつながるのではないだろうか。

3　死を受けとめることがむずかしい時代

死別への関心が高まっている

　この十年あまり、体験談のみならず、一般書や専門書など、死別に関する本の出版が相次いでいる。新聞や雑誌、テレビ番組などで、死別の話題が取り上げられる機会も、以前に比べるとずいぶん増えてきたように感じる。

　最近では、東日本大震災に関連して注目されることも多いが、この震災を契機にというよりは、一九九五年の阪神・淡路大震災前後から少しずつ関心が高まってきた印象がある。関心を寄せる人のなかには、みずからが死別を経験した人もいれば、死別した人を支援する立場にある人もいるだろう。

　実際に遺族を支援する活動も、着実に広がりをみせている。どれほどの遺族にどのような支援のニーズがあるのかについては、必ずしも一定の見解があるわけではないが、これまでの調査結果や活動報告などによると、死別後になんらかの支援を望む遺族の声はけっして少なくない。終末期医療にたずさわる看護師を含め、遺族に接する職種の人たちからも、死別した人への支援の必要性を指摘する声はしばしば聞かれる。

こうした社会的関心の高まりや活動の広がりは、潜在していた遺族や関係者のニーズが顕在化してきたという可能性もあるが、一方で死別という困難な事態に対処するためのよりどころを求める遺族側の需要そのものが増えてきていることの反映とも考えられる。

言い換えれば、いまの時代、大切な人の死を受けとめ、その後の生活や人生を立てなおすことが困難になってきているのかもしれない。このことを結論づける客観的なデータを示すことはむずかしいが、それを推測させるいくつかの要因を指摘することはできる。

孤立する高齢者

ひとつは家族構造の変化である。

厚生労働省の〈平成二十二年国民生活基礎調査〉によると、日本の平均世帯人員は戦前から一九五五年までは五・〇人前後であったが、その後は減少を続け、二〇一一年には二・五八人となっている。

その背景には、出生率の低下とともに単独世帯や夫婦のみの世帯の増加という世帯の小規模化がある。夫婦のみの世帯は、一九七五年には全世帯の一一・八パーセントにすぎなかったが、二〇一一年には二二・七パーセントと大幅に増加しており、配偶者との死別後に独居となるケースも増えてきている。いま現在、六十五歳以上の高齢者のおよそ四人に一人は単独世帯である。また、最近では、同居家族のなかでも高齢者が孤立するという〝家庭内孤立〟の問題も指摘されている。

もうひとつは地域共同体の崩壊である。

都市部では、隣近所の人と顔を合わせたときに挨拶を交わすことはあっても、プライベートな話をすることは少ない。かつて葬儀の際には、近所の人が手伝いにきてくれたものだが、そのような地域のつながりはすでに失われつつある。

六十歳以上の人を対象とした内閣府の平成二十二年度の国際比較調査では、「週に何回ぐらい、近所の人たちと話をするか」との設問に、「ほとんどない」の割合は、日本は三一・六パーセントと、他の調査実施国（アメリカ、韓国、ドイツ、スウェーデン）に比べてもっとも高く、近所の人たちとの交流の少なさが示された。ただ一方で、日本でも「ほとんど毎日」と回答した割合も二二・七パーセントあり、近隣の人びととの交流の多寡について高齢者の二極化が進んでいるとの指摘もある。

家族構造や地域社会の変化といった環境要因だけでなく、個人の内的要因も背景として考えられる。

世帯の縮小や長寿化にともない死を身近に経験することが少なくなったことや、宗教の形骸化によって、死生観や宗教的な信念の空洞化が進み、死を受けとめること自体が以前よりもむずかしくなっているかもしれない。

死に出会う機会が減ったことによって、死別にたいする免疫ができにくくなったとの指摘がある。

日本では長い間、〝人生五十年〟といわれ、子どものころに祖父母や親にかぎらず、身近な大人を亡くすことは珍しくなかったし、乳幼児の死亡率も高かった。いまは子どものころに死別を経験することは少なくなり、私の授業を受けている大学生に尋ねてみても、身近な人の死を一度も経験したことのない学生は多い。核家族化の進行によって、子どもが祖父母の死に立ち会う機会も減り、若い世代の人にとって死はますます遠い存在となっている。

有限感覚の希薄化と全能感の巨大化

中高年の世代にとっても、長寿化が進むなか、自分の死や伴侶の死は直近の問題ではなく、老いとともにやがて訪れるであろう先の話と思っている。しかし、現実はちがうことも少なくない。そのとき、なぜ自分や自分の家族だけがという思いが強くなる。

フィリップ・アリエスは一九七七年に上梓《じょうし》した名著『死を前にした人間』（みすず書房）のなかでこう述べている。

寿命が目ざましく伸びる以前には、死は突然の不慮の事故——死は一九世紀にはそうしたものになった——では決してなかった。それは日常的に発生するリスクの一部をなしていた。人びとは幼年期から程度の差はあれ、それを予期していた。

この本の出版当時に比べ、日本人の寿命は女性でさらに十歳近くも延びている。現在を生きる私たちにとって、死はいずれはやってくるものと頭では認識していても、日常的なリスクとしての死の意識は薄れる一方である。

また、科学技術のさらなる進歩は、人間の力の及ぶ範囲を広げ、限界などないかのように私たちを錯覚させる。精神科医の小此木啓吾は、一九七九年の著書『対象喪失』（中公新書）のなかで、科学技術の進歩により、現代社会では人間には限界があるという人びとの有限感覚は希薄になり、自分でなんでもコントロールできる全能感は巨大になったと指摘している。

小此木によると、死別はどんなに人間があがいても、その対象を再生することができないという絶対的有限性との直面である。有限感覚の希薄化と全能感の巨大化は、目の前の死をあるがままに受け容れることを困難にする。

〝努力すれば夢はかなう〟〝やればできる〟という意識は、人生を前向きに生きるうえでは大切なことである。しかし、そのなかには、自分しだいで、なにごとも自分の意のままになるという意味合いが含まれているようにも思う。そのような人間のおごりが、死を受けとめることをますます困難にしているのかもしれない。

現在の日本は超高齢社会を迎えており、日本人の年間死亡者数は年々増加している。ピークを迎える二〇四〇年には現在の約一・五倍にあたる、約百六十六万人が亡くなるとの推計もある。平均すると一日に約四千五百人が死んでいくのである。このように日本は、いわゆる多死社会に突入しつつあり、死別後になんらかの支援を必要とする人びとのさらなる増大が予見される。

用語はさまざまだが

深い悲しみの淵にある遺族を支える取り組みは、

・グリーフケア（悲嘆ケア）

・グリーフサポート

・遺族ケア
・ビリーブメントケア（死別ケア）
などと呼ばれており、最近ではマスメディアを通して紹介されることもあるため、これらの言葉をどこかで聞いたことのある人もいるだろう。

海外ではビリーブメントケア（bereavement care）がよく知られた用語であり、国際的な学術雑誌の誌名にも使用されている。日本ではいまのところ、グリーフケアという言葉がやや多く使われているものの、ほかの用語ととくに区別して用いられているわけではなく、いずれの用語も同義的に用いられている。本来、グリーフケアは必ずしも死別体験者のみをケアの対象とするわけではないが、死別した人への支援という意味で日本では浸透しつつある。

現時点において、グリーフケアを含むこれらの用語に関する定義は必ずしも定まっていないが、死別後の心理的な回復過程を促進するとともに、死別にともなうもろもろの負担や困難を軽減するためにおこなわれる包括的な支援ととらえることができる。本書では、用語の混乱を避けるため、グリーフケアという呼び名で統一して用いることにする。

大切な人の死は、残された者の心身に大きなダメージを与え、死亡や罹患の危険性を高めることが知られている。グリーフケアは、このような健康悪化のリスクの低減につながるものと考えられる。また残された者の人生は、故人の死によって終わるわけではなく、故人亡き後の生活や人生をいかに立てなおしていくのかという問題は、各人が突きつけられる大きな課題である。たんなる健康回復だけでなく、残された者のこれからの新たな生活や人生の歩みを後押しすることも、グリーフケアの大切な目標となる。

援助者たち

グリーフケアを提供する者としては、

①遺族同士
②家族・親族・友人知人
③医療関係者・宗教家・学校関係者・葬儀関係者・司法書士や行政書士など遺族に接する職種の人びと
④精神科医やカウンセラーなど精神保健の専門家
⑤公的機関
⑥その他（傾聴ボランティアなど）

が挙げられる。

家族や親族、友人・知人など身近な人の場合、グリーフケアという言葉はなじまないかもしれないが、死別した人にとって大きな支えになる存在であることはまちがいない。

死別体験者同士が互いに支え合う活動として、〝セルフヘルプ・グループ〟がある。セルフヘルプ・グループとは当事者組織であり、同じ悩みや障害をもつ人たちによって作られた小グループのことをいう。その目的は自分がかかえている問題を仲間のサポートを受けながら、自分で解決あるいは受容していくことにある。

死別体験者のセルフヘルプ・グループの活動は一九六〇年代にイギリスやアメリカで始まり、日本で本格化しはじめたのは一九九〇年前後であるといわれる。このような取り組みの社会的意義は大きいが、日本ではその数はまだまだ少なく、活動している地域もかぎられているのが現状である。

広がりつつあるグリーフケア

医療関係者は専門職でありながら、遺族に死別前から接し、関係性を築くことのできる特別な立場にある。そのため、事前に信頼関係が成立している場合は、よき援助者になりうる。逆に関係が破綻《はたん》している場合、援助者となることはむずかしいかもしれない。

いま現在で二百施設を上回る日本各地のホスピス・緩和ケア病棟の多くは、患者のみならず、家族や遺族もケアの対象ととらえ、その働きのひとつとして、グリーフケアにも積極的に取り組んでいる。最近では、まだまだ限定的ではあるが、小児科や新生児科、産科、在宅医療などでも遺族を支える試みが広がりつつある。

しかし、医療の場において遺族へのグリーフケアは、現在のところ、付加的なサービスという位置づけである。ただでさえ業務負担の大きい医療関係者にとって、その必要性は感じていたとしても、遺族のために費やすことのできる労力や時間には限界がある。また診療報酬の点数加算がないため、病院経営上もなかなか積極的になりにくい面もある。

宗教家や葬儀関係者を含む遺族に接する職種の方々や、精神保健の専門家も、もちろんグリーフケアの一翼を担う立場にあるといえる。それぞれの提供者によるケアは必ずしも独立しているわけではなく、互いに連携し、協力しておこなわれることもある。

公的機関による特筆すべき取り組みとして、自死遺族支援がある。二〇〇六（平成十八）年六月に成立した「自殺対策基本法」において、自死遺族への支援は、わが国の自殺対策の大きな課題のひとつと位置づけられている。この法律の成立を契機に、自死遺族支援は急速に展開し、全国の自治体では相談窓口の設置をはじめとした取り組みがおこなわれている。

最近では、インターネットを活用したグリーフケアの取り組みが、国内外で広がっている。その利点のひとつは利便性であり、時間的な制約から解放されるとともに、外出が困難な人も気軽に利用できる。また匿名性も特徴であり、通常では話しにくい率直な胸のうちや、実生活上の悩みを憚《はばか》ることなく語ることができる利点もある。

グリーフケアの普及や質の向上のためには、知識の獲得や援助技術の習得など、援助者にたいする教育や研修が必要である。日本でも最近になって、援助者の養成を目的とした組織的な取り組みが始まっている。

たとえば、二〇〇九年四月に開設された日本グリーフケア研究所は、「グリーフケアの実践を遂行できる専門的な知識・援助技術を備えた人材を養成すること」を、研究所設立の目的としている。また二〇〇八年七月に発足した日本グリーフケア協会も定期的に研修会を実施し、グリーフケア・アドバイザーの認定をおこなっている。これら以外にも、学会・研究会などの学術団体や、地域の精神保健福祉センターなどの各種機関が主催するグリーフケアの研修会は年々増えてきている。

しかしながら現状として、グリーフケアという言葉や活動が一般の人たちはもちろんのこと、医療関係者など専門職のあいだにも浸透しているとは言いがたい。グリーフケアへの関心や認識の程度は、みずからの過去の喪失体験や援助体験によって個人差は大きいように思われる。ただ、グリーフケアにたいする遺族の潜在的なニーズはけっして小さくはない。グリーフケアの取り組みが新聞やテレビで取り上げられると、それによって活動の存在を初めて知った人からの問い合わせが一時的に殺到するという事態も生じている。

死別した人の誰もが、身近な人以外からの支援を必要とするわけではないが、なんらかの支援が必要な人がいることもまた事実である。支援を必要とする遺族のニーズに応えるための受け皿としくみが、いま、求められている。

第二章　苦しくてたまらない

1　これは病気だろうか？

基本的には

死別を含む喪失体験によって生じる感情や身体症状、問題行動の多くは、一時的な反応であり、誰しも経験しうる正常な反応である。このような反応は、グリーフ（grief）と呼ばれ、日本では〝悲嘆〟と訳されている。悲嘆という言葉は知っていても、グリーフという言葉は初めて聞く人も多いかもしれない。

定義によると、悲嘆（グリーフ）とは、「喪失に対するさまざまな心理的・身体的症状を含む、情動的（感情的）反応」であり、心身症状をともなう〝症候群〟と呼ばれることもある。この定義にしたがえば、悲嘆は、悲しみだけを意味する言葉ではない。もちろん、悲しみや怒りなどは悲嘆の特徴的な反応であるが、あらゆる人に共通する絶対的な反応というわけではない。個人間で悲嘆の差異は大きく、また個人内においても時間とともに悲嘆は変化していく。

グリーフの邦訳としては、いまのところ〝悲嘆〟が一般的だが、その日本語としての意味は、「悲しみなげくこと」(『日本国語大辞典』第二版、小学館)であり、グリーフのもつ症候群としての意味合いに比べ、かなり限定的である。「悲嘆」と訳すことで、グリーフの本来の意味が矮小化《わいしょうか》され、狭い意味で理解される懸念があり、訳語としてはあまり適当でないようにも思われる。

米国の精神科医のジョージ・エンゲルは、一九六一年に、「Is grief a disease? (悲嘆は病気か?)」と題する論文を著した。彼はそのなかで、身体的な外傷と同様に、愛する人の死は心理的な外傷となり、悲嘆のプロセスは治療のプロセスに類似した道程であると述べている。たしかに死別は人生のなかでも大きなストレス体験のひとつであり、身体的・心理社会的機能に及ぼす影響は大きい。

しかし、多くの人にとって死別体験は、けっして容易ではないが耐えうる体験であり、専門家による〝治療〟が施されなくとも、悲嘆はやがて軽減されていく。それゆえ現在では、悲嘆は基本的には病気ではないと理解されている。ただし、後で述べるように、通常の範囲を超えた悲嘆、いわゆる〝複雑性悲嘆〟がみられる場合や、病気に発展する可能性はある。

潘岳は詠じる

では、病気ではない通常の悲嘆とはどのようなものであろうか。

その様相については、数多くの研究や実践報告によって明らかにされている。ただ、死別によって経験される悲嘆に関する研究や報告は、その大部分が一九七〇年代以降の欧米でおこなわれたものである。それゆえ、いわゆる通常の悲嘆として本書で紹介する種々の反応が、文化や時代を超えた人類普遍の反応であるとは言いきれない。この点に関する検討はいまだ十分ではないが、少なくともこれまでの人類学的研究の多くは、悲嘆の存在自体は人類に共通の特質であることを支持している。また実際に、いにしえの書物を紐解《ひもと》くと、悲嘆に関する記述が散見される。

たとえば、三世紀後半の西晋時代の文人である潘岳《はんがく》は、愛妻の死を嘆き悲しみ、悼亡詩《とうぼうし》を詠《よ》んでいる。その一部を次に紹介する（石川忠久訳）。

廬《ろ》を望《のぞ》んでは其人《そのひと》を思《おも》い
室《しつ》に入《い》っては歴《へ》し所《ところ》を想《おも》う
帷《い》屏《へい》に髣髴《ほうふつ》たること無《な》きも
翰墨《かんぼく》に余《よ》跡《せき》有《あ》り

家を眺めては妻の姿を思い出し
部屋に入れば、ともに暮らした日々を思う
とばりや屏風のあたりにもう妻は見えないが
筆のあとがまだ残っている

流芳《りゅうほう》は未《いま》だ歇《つ》くるに及《およ》ばず　薫《た》きしめた残り香は消えないで
遺挂《いけい》は猶《な》お壁《へき》に在《あ》り　着ていた衣服が壁に掛かっている
悵怳《ちょうきょう》として存《そん》すること或《あ》るが如《ごと》く　ぼんやりと、まだ生きているかと思い
周遑《しゅうこう》として忡《うれ》えて驚惕《けいてき》す　はっと気がつき、驚きあわてる

亡き妻の面影を追う潘岳の心情がありありと表現されており、二十一世紀を迎えた現在の日本人遺族にも相通ずるように思う。

文化によって

一方で、死生観や感情表現の様式のちがいによって、悲嘆の種類や表現において幅広い文化差があるとも考えられている。たとえば、先述の小此木啓吾と日系二世の米国人精神科医ジョー・ヤマモトらによる、夫が急死した日米の寡婦を対象とした共同研究では、日本人の悲嘆反応の特徴について記述されている。それによると、夫を亡くした米国の女性が人前で激しく取り乱したのにたいし、日本人女性の場合、感情表現は穏やかで、人前では取り乱すまいとする努力がみられたという。

ほかにも、同じムスリム社会であるバリ島とエジプトを比較した研究では、両地域の住

民のあいだで悲嘆自体に必ずしも差はなかったが、エジプトでは遺族が悲しみの雰囲気に包まれていたのにたいして、バリ島では笑いや陽気な雰囲気がみられたという。このことは、バリ島の文化では、悲しみや怒りは健康を害すると信じられており、〝泣くこと〟が推奨されないためと考えられている。このように悲嘆そのものは人類に共通であったとしても、その表現は社会的、文化的な条件によって異なる可能性がある。

さらにいえば、人だけでなく、動物にも人の悲嘆に類似する反応がみられるとの多くの報告がある。

数年前になるが、ドイツの動物園で、生後三ヵ月の子どもが急死した十一歳のゴリラの母親が、死後数日が経過し、腐敗がみられる遺骸を手放さないようすが写真付きのニュースとして世界に配信された。このように親子関係や仲間関係など長期にわたる関係性を形成する社会的な動物においては、その関係性の喪失によって悲嘆を経験すると考えられる。しかし一方で、成人した人と同様の死の概念をほかの動物が獲得しているとは考えがたく、その点で人と動物の悲嘆は本質的に異なるとも考えられる。

なにも考えられない

大切な人を失ったとき、人はなにを感じ、なにを思うのだろうか。じつは、あまりにショックが大きかった場合には、なにも感じなかったり、なにも考えられなかったりすることがある。文字どおり、頭のなかが真っ白になってしまうのである。

東日本大震災でも、目の前で家族も家も奪われた初老の男性は、震災数日後のレポーターからの無遠慮な問いかけに、

「いまはなにも考えられない」

と絞り出すようにテレビ画面のなかでつぶやいていた。

死別した直後、とくに予期せぬ死の場合には、感情が麻痺したような感覚、いわゆる茫《ぼう》然《ぜん》自失の状態に陥ることがある。あるいは、自分はその場におらずに外部から見ているような感じ、あるいは自分に起こっていることがピンとこない感じをいだくこともある。

私がお会いした六十代の男性は、

「人間って、意外とそういうとき涙が出ないんですね」

と、奥様が亡くなった直後のことをふりかえって話してくれた。

彼の場合は、「全身から力が抜けて、心のなかにぽっかり穴があいた感じ」であったそうである。

このような感覚は、数時間でおさまることもあれば、数日間程度続くこともある。こうした精神的な麻痺状態は、急性ストレス障害の主要な症状のひとつともいわれる。後でふ

りかえったとき、葬式をどのようにしたのかをほとんど覚えていないという人もいる。

人によっては、現実に起きたことを信じない、認めないという〝否認〟を経験することもある。とくに遺体を自分の目で直接すぐに確認できないような場合に、起こりやすいとされる。否認は、精神的な危機状況におかれたときに無意識的に起こる防衛反応のひとつで、現実に押しつぶされそうな心を守る緩衝材として働くと考えられている。

「叫び」で有名なノルウェー人画家、エドヴァルド・ムンクの作品のひとつに、「死せる母と子（The Dead Mother and the Child）」（一八九七年）という絵画作品がある。この絵は、五歳で母親を亡くしたムンク自身の体験をもとにしたものであり、ひとつ年上の姉ソフィエをイメージさせる女の子が画面の中央に描かれている。息を引き取った母親が横たわるベッドの傍《かたわ》らで、この少女は、亡き母に背を向け、両耳を手でふさいでいる。母親の死という現実を認めたくないという心情をあらわしているかのように見える。大切な人の死という耐えがたい現実から一時的にみずからを逃避させることで、残された者は現実に立ち向かうエネルギーをわずかでも取り戻すことができるのかもしれない。

また、なにごとにも無気力になり、人生がふたたび楽しくなることなど絶対にないように感じるかもしれない。身だしなみや健康にも無頓着となり、家に帰ってテレビをつけても、声が耳に入ってこないような状態が続くこともある。

幻覚と夢

多くの人が経験するわけではないが、故人の声が聞こえたり、姿が見えた気がしたり、あるいは故人の気配を感じたりといった〝幻覚〟を経験することもある。作家の三浦綾子は自伝『道ありき』（新潮社）で、幼なじみの前川正との死別体験を次のように綴っている。

それから何日かの間、夜になるとわたしの耳元に、人の寝息が聞えた。わたしは離れに一人寝ていたのである。人の寝息が聞えるはずがない。だがその寝息は、実にハッキリと耳元で聞えた。

（正さんの寝息だわ）

聞えるはずのない寝息が、傍に聞えるのは初めはうす気味悪かった。しかし彼の寝息だと思いこんでから、わたしは非常に慰められた。彼がそばに眠っていてくれる。わたしはそう思った。彼の肉体は死んでも、彼の霊は滅んではいない。わたしはその寝息を聞きながら泣き、泣きながらも慰められた。その寝息は、十日程つづいてぴたりと止《や》んだ。わたしは一心に耳を傾けたが、もはや彼の寝息は聞えなかった。

私が以前にお会いした女性も、死別から数日が経ったころに、亡き夫が自分の肩にそっと手を置いた感触がしたと語ってくれた。彼女によると、そのような感覚はたった一度きりだったそうだが、その手の感触は、まぎれもなく亡き夫の手によるものだったという。このような経験は、通常は一過性で、一般には問題視する必要はないと考えられている。

遺族のなかには、幻覚ではなく、亡き人の夢を見る人もいる。その一方で、「夢でもいいからもう一度会いたい」と強く願っているのに、一度も夢に出てきてくれないという人もいる。米国の調査では、伴侶を亡くした後およそ一年の間に、故人の夢を見た人は回答者の四割程度であったと報告されている。厳密にいえば、人は本来誰もが夢を見るが、夢を見たこと自体覚えていないことも多いようなので、実際にはもっと多くの人が故人の夢を見ているのかもしれない。

生理学的にみれば、夢そのものにとくに意味があるわけではないとされるが、残された者にとっては大きな意味をもつこともある。亡き人の夢を見たことをきっかけとして、気持ちの整理が一歩進む人もいる。逆に、夢で見た亡き人のようすによって、自己嫌悪を深める場合もある。けっきょくのところ、亡き人の夢はそれ自体が意味をもつのではなく、その夢を見た遺族自身がどう解釈するかによって、夢のもつ意味はちがってくるのである。

こらえても、あふれ出る

大切な人を亡くした人が経験する悲しみは、しばしば〝悲しみ〟という一語ではとうてい表現できないほど深く、また苦しいものである。それゆえ、「言葉では言いあらわせない」という人は多いが、

・身が削《そ》がれるような悲しみ
・気が狂いそうなほどの悲しみ
・胸が締めつけられるような悲しみ
・叫びたくなるような悲しみ

などと表現する遺族もいる。

悲しみは死別した多くの人が経験するが、一方でそのあらわしかたは人によって異なる。「一生分の涙を全部流したくらい泣いた」という人もいれば、じっと涙をこらえる人もいる。奥様を亡くした五十代の男性は、

「お葬式のときは無我夢中で、泣いている暇がなかった」

という。彼の場合は、

「四十九日がすんで、ちょっと落ち着いたら、じわーっと悲しみが来た」

と話してくれた。

悲しみのピークも人によってちがうかもしれない。長い間、在宅療養を続け、最後は病院でご主人を看取った五十代の女性は、

「家に連れて帰ってきて一晩過ごして、そこから斎場となるお寺に運ぶときがつらかった。もうここへは帰ってこないんだというのがあって、かなり泣きました」

と話してくれた。彼女はつづけて、次のような話も聞かせてくれた。

悲しみをこらえてお葬式をして、葬儀場から焼き場へ行って、そこで最後のお別れをしてくださいって言われたんですけど、そのときがいちばん悲しかったですね。いままでは形でありましたよね。でも、これでこういうふうに主人の顔が見られなくなるのかと思うとつらかったです。お父ちゃん、泣かないって約束していたけど、涙が出て困るわ、と言いましたね。

彼女のように、火葬場で、棺《ひつぎ》が炉のなかに入れられるときの悲しみには特別なものがあるように思われる。愛する人の肉体に直接触れ、その姿形を直接見ることが完全にできなくなることとの絶望的な悲しみは、身体の機能よりも肉体そのものにこだわりをもつ日本人にとってとくに強いかもしれない。

死別からしばらくの時期は、亡き人のことや亡くなられたときの状況などについて、知らず知らずのうちに思い返してしまうことも多い。いまさら考えてもしかたがないと理屈ではわかっていても、当時のようすが頭のなかに浮かんでしまう。そしていったん思い返してしまうと、そのことが頭を離れず、ついつい長く考えつづけてしまうかもしれない。

ただ、死別してからずいぶんと時間が経っていたとしても、なにげない日常のなかのふとしたきっかけで、故人のことが思い出され、涙があふれてくることがある。思いもよらぬ突然の涙に、自分も驚かされるかもしれない。このようなことはけっして特別なことではなく、誰もが経験する可能性がある。

たとえば、伴侶を亡くした人であれば、街中で仲のよさそうな夫婦連れを見ると、さびしい気持ちがふと湧《わ》いてくることがあるかもしれない。子どもを亡くした母親であれば、楽しそうな親子を見て、憎らしく感じたり、落ちこんだりすることもあるだろう。

怒り、そして自責

〝悲しみ〟と同様に、〝怒り〟や〝いらだち〟も程度の差はあるが、死別を経験した人によくみられる一般的な感情的反応である。死によって大切な人を奪われるという現実にたいして、やり場のない怒りを経験することは自然なことである。

そのような怒りの矛先は、しばしば身近な人や医療関係者に向けられる。もちろん相手方になんらかの落ち度があったために怒りが生じている場合もあるが、行き場をなくした怒りが、ときに理不尽ともいえるかたちの怒りとなってぶつけられることもある。また、自分が信じてきた神や仏に怒りが向けられたり、「なぜ自分を残して先に死んでしまったのか……」と故人にたいして怒りをぶつけたりする場合もある。このような神仏や故人への怒りを感じるのも自然な反応である。

ちなみに、一般的に怒りの感情には、男女差はないという。男性のほうが怒りやすいイメージがあるかもしれないが、怒りのあらわしかたのちがいによるものと考えられている。親を亡くした子どもの場合では、死を前にした無力感や、自分が見捨てられたという思いが、しばしば怒りのもとになっており、怒りの感情が攻撃的な言動や非行というかたちであらわれることもある。

怒りが自分自身に向けられ、罪悪感や自責感に苦しめられている遺族も少なくない。六十代なかばの夫を一年半ほど前にがんで亡くした五十代の女性は、いまは立ちなおりつつあるとしたうえで、次のように話してくれた。

主人の病気にもっと早く気づいていれば……と悔いても悔いても、悔い足りない思いです。病院に行くことをもっと強く勧めておけば、死ぬという最悪のことにはならなかったのではとも思っています。一時は、自分が主人を死に追いやったのではないかと、自責の念にかられ眠れぬ日もありました。早くに精密検査を受けるようもっともっと強く言えばよかったと、いまでも悔やまれる毎日です。

また、夫を亡くしてから約二年が経つが、まだ夫が亡くなった病院へは近づきたくないという六十代の女性は、「生前の食生活が悪かったのではないか」と自分を責めていた。

自殺で家族を突然に亡くした遺族の場合には、自殺を防ぐことができなかったことへの罪悪感や無力感や、関係者にたいする怒りや恨みの感情が強い傾向がある。

子どもが死別を経験した場合には、ときに特徴的な罪悪感がみられることがある。子どもがいだきがちな罪悪感のもとになる思いとして、たとえば次のようなものがある。

「お母さんが死んだのは、私が悪いことをした罰だ」
「僕が死ねばいいなんて思ったから、お父さんは死んでしまった」

このような子どもの罪悪感は、大人には不合理な考えとして相手にされないかもしれないが、子どもにとっては長期にわたって心の重荷となる場合もある。

残された者が経験する罪悪感には、〝生存者罪悪感（サバイバーズ・ギルト）〟と呼ばれるものもある。家族が同時に被害に遭い、自分だけが生還した場合や、あるいは子どもや孫、きょうだいの死の場合に、自分がこの世に生きていること自体がなにか悪いことのように感じることがある。東日本大震災においても、程度の差はあろうが、「私だけが助かってしまって申しわけない」という思いに人知れず苦しんでいる人は、たくさんいるのではないだろうか。

2 消えぬ心残り

死はそのときを待ってくれない

意識のあるうちに「ありがとう」のひと言を伝えることができなかった。どうしても死を認められず、最後まで生きていてほしいという気持ちが強くて、主人にお別れの言葉を言えなかった。彼も私に伝えたいことがあったのではないかと思う。せめてあと一日でも看病ができたらよかったと思っています。

仕事をしていたので一日二〜三時間しか病院に行けず、ほとんど世話をしてあげられなかった。そんな私のことを考えてけっして弱音を吐かず、ひとりで頑張っていた母を想うととてもつらい。認めたくはないが、少し逃げてしまったところもあったかもしれない。いま思えば、あれもこれもしてあげたかったと、どんどん心残りがでてきます。

これらの言葉は、遺族によって語られた〝心残り〟の一例である。心残りの内容は人それぞれで、多岐にわたる。どんなことに心残りを感じるかは、各人のおかれていた状況によって異なる。たとえば、長年にわたって仕事中心の生活を送ってきた男性が妻を亡くした場合では、

「もっといっしょに旅行や遊びに行っておけば……」

「もっとやさしく接してあげれば……」

という心残りがよく聞かれる。二年前に奥様を亡くした六十代後半の男性は、次のように話していた。

いっしょに旅行をしたり、芝居を観たり、ごちそうを食べたり、二人で楽しく過ごしたかった。これまでは仕事一筋でしたので、これからは、あれをしよう、これをしようと話し合っていたのに残念です。

伴侶を亡くしたのちに、このような思いをいだく年配の男性は、かなり多いのではないだろうか。

また親を亡くした若い年齢層の人には、「自分のことで心配をかけたままであったこと」が心残りとしてしばしば挙げられる。母親を二年前に亡くして、まだ立ちなおれていないという三十代の女性は、

「親孝行があまりできず、心配ばかりかけてきた。いつか、母がもっと年老いたら……と先延ばしにしてしまったことが悔やまれます」

と述べていた。

〝孝行のしたい時分に親はなし〟という有名な川柳や、〝親孝行と火の用心は灰にならぬ前〟ということわざがあるが、いつの時代も親が生きているうちの親孝行は容易ならざるもののようであり、死はそのときを待ってくれないのである。

約九割の遺族が

心残りとは、『広辞苑』（第六版）によると、「あとに心の残ること。思いきれないこと。残念に思うこと。未練」を意味しており、主観的な体験であるといえる。それがたとえ周囲の人にとっては〝しかたのないこと〟や〝ささいなこと〟と思えることであったとしても、当人にとっては消し去りがたい心残りになってしまっている場合もある。

病名や予後の告知や治療方法などに関する意思決定においては、どのような選択をした場合であっても、後になって「あれでよかったのか」との思いが残りがちである。

私は、ホスピスで亡くなったがん患者の遺族約五百名を対象に、心残りに関する調査を数年かけてさせていただいたことがある。その調査では、程度の差はあるものの、約九割の遺族がなんらかの心残りを感じていることが明らかになった。そして、死別から二年以上が経過した遺族であっても、約三割の人がいまなお心残りは「非常にある」と回答していた。

つまり、遺族にとって心残りは誰もが経験しうる一般的な心情であると同時に、強い心残りが長期にわたり持続することも珍しくない。残された者の心残りは、簡単には消え去ってくれない。そして、強い心残りは心身の健康悪化と関係することも、この調査では示されている。現実問題として、心残りのない別れはむずかしいかもしれないが、過度の心残りは避けたいものである。

やるせない〝さみしさ〟

大切な人を亡くした後、不安や恐怖とは別に、〝さみしさ〟を経験する方も多いだろう。さみしさは死別後すぐにというよりも、むしろ時間が経つにしたがって、少しずつ重みを増していくように思われる。死別からまもなくの時期は、法事や事務的な手続きなど対応すべき事柄もあるし、お葬式とかお通夜に来られなかった人が訪ねてきてくれたり、また電話をくれたりすることもある。まわりの人も心配して、ようすをうかがってくれることもあるだろう。人の出入りや人と接する機会もあるので、あまり孤独を感じなくてすむかもしれない。それが一段落して、生活が落ち着いてくると急にさみしさが襲ってくることがある。

夫を二年近く前に亡くし、いまはひとり暮らしの六十代の女性は、

「亡くなってすぐは、年金の手続きや保険金の請求だとかいろいろな手続きがあって、悲しんでいる間ってないくらいでした」

と、当時をふりかえってくれた。四ヵ月くらいは落ち着かなかったそうだが、その忙しさで気が紛れた面もあるという。ただ、しばらくしてある手続きのときに、

「なにかあったときの緊急の連絡先はどこにすればいいですか」

と聞かれて、彼女はハッと思った。

「自分はもうひとりなんだ」

と。そのとき急にさみしさを感じたという。

いまでもさみしさは消えず、故人のことを思い出さない日はないそうである。

河野裕子と城山三郎

二〇一〇年八月に亡くなった歌人の河野裕子は、死の前日まで歌を詠んだという。生まれながらの歌人ともいえる彼女の最期の日々の記録として、新聞に連載された家族とのリレーエッセーが死後に出版された（『家族の歌』産経新聞出版）。その本に収録された彼女の未発表エッセーのなかで、「さみしい」と「さびしい」は微妙に決定的にちがうと述べられている。河野によると、「さみしい」には、「さびしい」よりも、もっと術《すべ》のない心の深みからくる切実な音感があるという。

さみしさは、外に出かけて人と会えば、少しはやわらぐのかもしれないが、そんな気持ちになれない人も多いだろう。離れて暮らす子どもや孫たち、あるいは友人や知人が来てくれている間は気分が紛れても、帰ってしまった後、なんとも言えぬさみしさに襲われる。

また、まわりに人がいたとしても、「誰も自分のことをわかってくれていない」「ひとりぼっちである」という思い、疎外感に苦しめられることもある。このようなさみしさは、とくに伴侶を失った独居者にとって深刻で、長期にわたって悩まされる問題である。後年における精神的健康や幸福感を予測するだけでなく、罹患や死亡の危険因子でもあるとの報告もある。

作家の城山三郎は、遺稿となった亡き妻との回想録のなかで、死別後まもなくのころのことを次のようにふりかえっている(『そうか、もう君はいないのか』新潮社)。

もちろん、容子の死を受け入れるしかない、とは思うものの、彼女はもういないのかと、ときおり不思議な気分に襲われる。容子がいなくなってしまった状態に、私はうまく慣れることができない。ふと、容子に話しかけようとして、われに返り、「そうか、もう君はいないのか」と、なおも容子に話しかけようとする。

本のタイトルでもある「そうか、もう君はいないのか」というなんとも切ない言葉は、城山の深い喪失感と、やるせない〝さみしさ〟をあらわしている。

3　〝悲しみ〟は身体をも損なう

眠れない、食欲がない

大切な人を亡くした後に経験するのは、感情的なものばかりではない。死別の影響は、感情面のみならず、身体面にもしばしば及ぶ。

人によってあらわれる身体的な症状はさまざまであるが、比較的多くの人が経験するのが、不眠である。ひと口に不眠といっても、「寝つきが悪い」という人もいれば、「夜中に何度も目を覚ます」という人もいる。「ぐっすり眠ったという感じがしない」という人もいるだろう。死別した後にこのような状態に陥ったからといって必ずしも不眠症とはいえないが、長期にわたる場合には精神科的な治療が必要となるかもしれない。

長年連れ添った奥様を一年半前に亡くした六十代の男性は、

「二、三時間したら目が覚めて、いったん目が覚めたらいろんなことを考えてしまう」

と話し、精神科に通院していた。この男性の場合は、血圧も高いとのことで、降圧剤も服用していた。

食欲不振を経験する遺族も多く、ときにはかなりの体重の減少をともなう場合もある。「砂を噛《か》むような」という表現があるが、まさしくなにを口にしても味気なく感じ、食べる気がしないという人も多い。また、介護による疲労の蓄積や死別にともなうストレスなどによって、疲労感や倦怠《けんたい》感を訴える人も多くいる。ホスピスで配偶者を亡くした方を対象とした私の調査では、死別後半年から一年未満の時点で、回答者の約七割が「疲れを感じた」と回答している。

ほかにも、頭痛、めまい・ふらつき、頸部の痛み、背中の痛み、悪心・嘔吐、口渇、便秘、胸やけ、腹の張り、喉が締めつけられる感じ、呼吸が短くなって息が詰まる、ため息、筋力の喪失、動悸、ふるえ、毛髪の喪失などの身体症状がみられることがある。

奥様を若くしてがんで亡くした五十代の男性は、

「肩の痛みや腰痛が半年くらい続いた」

と話してくれた。長期にわたる介護での負荷が症状としてあらわれた可能性もあるが、死別による悲嘆としてこれらの症状が経験されたとも考えられる。

ときに、故人の病状に類似した症状を経験することもあるという。たとえば、故人が心臓発作で亡くなった場合、遺族は胸の痛みを感じ、故人と同じ疾病にみずからも罹患したのではないかと不安に襲われることがあるかもしれない。

家から一歩も出ない人、亡き人を人混みに探し求める人

身体の症状だけでなく、日常生活での行動にも変化がみられることがある。死別した後、「家から一歩も外に出かけたくない」「ご近所さんには会いたくない」という人もいる。知り合いと顔を合わせたくないという理由で、家の近くの店を避けて、わざわざ遠い店へ買い物に出かける人は意外に多い。行動に移すかどうかは別だが、知り合いのいない土地へ引っ越したいと考える人もいる。

人や社会との接触を避け、居心地のよい空間にこもりがちになることは、〝社会的引きこもり〟と呼ばれる。社会的引きこもりは、ストレスを回避し一時的に心の安定を保つという意味で適応機制のひとつとも考えられるが、高齢者の場合には認知症や寝たきりの遠因になる危険性も指摘されている。

死別した人にみられる行動として、亡き人を見つけ出そうとして、生前によく行っていた場所に出かけたり、人混みのなかに故人の姿を探したりする、いわゆる探索行動がある。そこに行けば、またあの人に会えるのではないかと思うわけである。いくら探しても見つからないことは頭ではわかってはいても、気がつくと探してしまっていることもある。

必ずしも多くの人が示すわけではなく、とくに亡くなった人の遺体を自分の目で確認できない場合に起こりやすいとされている。欧米の文献では、悲嘆反応の特徴的な行動のひとつに挙げられているが、日本人の場合、具体的な探索行動はあまりみられず、故人を心のなかで思い浮かべながら生活を続ける傾向が強いとも指摘されている。

躁的防衛と自己破壊衝動

死別後のふるまいや行動に関しては、見るからに憔悴《しょうすい》し、ときに取り乱す人がいる一方で、まわりの人が意外に思うほど、いつも以上に元気そうに見える人もいる。その場合、もしかすると躁《そう》的防衛という心の働きが関係しているかもしれない。

大切な人を亡くすというあまりにショックなできごとに直面して、その現実を受けとめることが困難なために、悲嘆を心の奥底に押しこめている可能性がある。悲しいできごとにもかかわらず、妙に気分が高揚して、明るくふるまってしまうというのである。死別後まもない時期に発症する躁病を意味する〝葬式躁病〟という言葉もあり、実際に発症する人は多くはないようだが、少なからず躁状態を示す遺族はいる。このような躁的防衛は、阪神・淡路大震災後の被災者や支援者の一部にもみられ、彼らは使命感に燃え、極端に活動的で、自分が消耗して倒れるまで活動したという。

また、かけがえのない人との死別後には、自己破壊的な心理や行動がみられることもある。俳優の仲代達矢は雑誌の対談（『週刊新潮』二〇一〇年六月一〇日号）で、みずからの経験した〝後追い自殺願望〟について次のように明かしている。

　女房が亡くなった後、ミクロネシアなどの島々を経て、南米大陸を目指すドキュメンタリーの案内役の仕事をしたことがありました。カヌーの舳《へ》先《さき》に乗ります。掴《つか》まってはいるんですが、舳先がぐーっと海に入る。僕は泳げないんですが、ふと、手を離そうかな、という気になる。その辺はサメだらけですよ。（中略）無意識に死にたいという気持ちがあったんでしょうね。

やっとこれで終わった

死別した者がいだく感情としてみられるのは、負の感情ばかりではない。長い闘病生活の末に亡くなった場合などには、「ほっとした」「やっとこれで終わった」などという〝解放感〟を死後に経験することもある。あるいは、たとえば自分の年老いた親や伴侶を見送ったことで、「自分の責任を果たした」という〝安堵感〟を経験する人もいる。このような反応は、それぞれのおかれた状況によって生じたごく自然な感情である。

私がかつて面接調査で出会った五十代の女性は、約二十五年に及ぶ長い闘病生活の末に逝った夫を見送った体験について次のような話を語ってくれた。

壮絶なるがんとの闘いを描いたドラマや小説ってあるけど、たいてい数年の話で、そんなの壮絶じゃないっていつも思っていた。死んだときには、もっとおめおめと、動けなくなるくらい泣かなきゃならないのかなと思っていた。だからといってうれしかったというわけではないのだけど、頭のなかでは、私はこれで看病の生活から解放されるんだわ、自由になったんだわと思っていたの。悲しいのは悲しかったんだけど、自分の健康を失わなくてよかった。これからは私も子どもたちも自分たちの生活だけを考えていけばいいんだと思った。

彼女には、介護生活の苦労をともにした二人の娘がいる。夫の死後、下の娘から、
「お母さん、いままで苦労したんだから、これからは好きなように生きてね」
と言われた、とうれしそうに話してくれた。

死を悲しめない

亡き人との仲が悪かったり、関係が途絶えていたりした場合には、悲嘆をほとんど経験しないこともあるだろう。愛憎入り交じった複雑な感情があった場合には、死別後になにかすっきりしないものを感じることもある。いずれも自然な反応であるが、人によっては身近な人の死を前に、悲しみの感情をいだかないことにたいして後ろめたさを感じ、自己嫌悪に陥ることもある。

『読売新聞』朝刊生活面に連載されている〈人生案内〉に、「姉の死　悲しめない」と題された次のような投書が掲載されていた（二〇一〇年五月七日付、表記はあらためた）。

五十代主婦。先日、ひとつ年上の姉が亡くなりました。二人姉妹で双子のように育ちました。ただ性格が違ったので、衝突することも多かったのです。

十年前、姉はアルコール依存症と診断されました。私は「お酒はやめて」「病院にかかるように」と言いましたが、離れて住んでいたし、子育てに追われていたこともあって、けっきょくは姉本人が自覚するしかないとあきらめていました。姉夫婦は仲が悪く、なかば放っておかれたようでした。

姉とは、以前はときどき電話もしていましたが、三年前に母の法事の件で衝突して以来、音信不通。だから姉が亡くなったとの一報を受けたときも驚きはしましたが、

「自業自得だよ」という冷ややかな気持ちが心のなかを占め、悲しむことができません。たったひとりの姉が急逝したというのに、人ごとのような自分がいます。

生前のわだかまりは水に流して許さなくてはならないのでしょうか。亡くなってもまだ許せないでいる私は、底意地の悪い冷血人間なのでしょうか。


この女性のように、身近な人の死を心から悲しめず、複雑な感情をいだいている人は、じつは少なくないかもしれない。ただ人前で積極的に語られることは少なく、人知れず、悶々《もんもん》とした思いをかかえている人もいるだろう。

ほとんど取り上げられることのなかったこのような体験に初めてスポットライトを当てた一冊の本がある。『夫の死に救われる妻たち』（飛鳥新社）という目を引く邦題がつけられたその著書のなかで、二人の著者はみずからの体験を交えながら、単純な悲しみだけではない複雑な胸中を描いている。

著者のひとり、ジェニファー・エリソンは、結婚生活に悩んで離婚を口にした翌日に、夫を事故で亡くした。彼女は、幸せな結婚生活ではなかった夫との死別によって解放感を味わうと同時に、夫の死の原因が自分にあるのではないかと自分を責めたという。一方、もうひとりの著者、クリス・マゴニーグルは、十五年間の介護の末に多発性硬化症であった夫が死んだとき、正直なところまずほっとし、そして複雑な気持ちになったと当時をふりかえっている。

死別後に経験される悲嘆は人それぞれであり、〝正しい悲嘆〟というものがあるわけではない。しかし現実には、現代社会において、死はつねに悲劇であり、残された者は死を嘆き、悲しみに暮れるべきとの暗黙の遺族役割を求めがちである。その世間一般で想定される遺族役割からはずれた感情やふるまいは、好奇の目を向けられることもある。著者である二人は、みずからについて、「死をいかなる場合も悲劇とみなす社会のなかで、死を悼まない例外的な存在だった」と述べている。

身近な人の死を悲しめなかったり、解放感や安堵感を経験したりすることは、ごく自然なことであり、なにもおかしいことではない。人によって亡き人との関係や、いまにいたるまでの経緯や状況は異なる。したがって、どのような感情や思いであっても、無理に抑えこんだり、自分を責めたりする必要はないのである。

〝通常ではない悲嘆〟

死別によって生じる身体や心の症状は多くの場合、正常なストレス反応であり、それ自体は病的なものではない。しかし、ときに悲嘆反応の程度や期間が通常の範囲を超える

〝通常ではない悲嘆〟がみられ、その場合は精神科的な治療を要する。

この〝通常ではない悲嘆〟について、以前は〝病的悲嘆〟と呼ばれることが多く、〝異常悲嘆〟〝未解決の悲嘆〟〝不適応悲嘆〟〝外傷性悲嘆〟などの用語も使われていた。二〇〇〇年代以降は、〝病的〟という表現がやや侮蔑的であることや、〝通常〟と〝病的〟の境界が明確ではないことを理由に、〝病的悲嘆〟に代わって〝複雑性悲嘆〟という用語が使われることが一般的となっている。

通常ではない悲嘆、いわゆる複雑性悲嘆は、二〇一二年の現時点においては精神疾患としては位置づけられていない。しかし近年、複雑性悲嘆の診断基準を策定し、独立した精神疾患として位置づけようとする動きが活発化している。うつ病や心的外傷後ストレス障害（ＰＴＳＤ）など既存の精神疾患との関係についても、重複しつつも独立した症候群であるとの認識が広がりつつある。

複雑性悲嘆の症状とうつ症状のちがいについてみると、うつ症状には、何事にもおっくうになる精神運動の遅滞や、自尊心の低下などが含まれる。それにたいし、複雑性悲嘆に特徴的な症状は、思慕、故人の死を信じられないという思い、故人なしでは人生は空虚であり満たされないという感覚などであるといわれている。治療効果に関しても、抗うつ薬の使用や心理療法によってうつ症状の改善は認められるが、悲嘆の症状にたいする治療効果は必ずしも示されていない。最近では、睡眠時の脳波を指標とした研究や、機能的磁気共鳴画像装置（ｆＭＲＩ）を用いた研究においても、複雑性悲嘆とうつ症状とのちがいが見いだされている。

また、複雑性悲嘆とＰＴＳＤのちがいについては、ＰＴＳＤ症状の特徴である恐怖刺激の回避が、複雑性悲嘆においては顕著な症状ではないことが挙げられている。ＰＴＳＤ患者は、外傷的できごとにたいして恐怖を感じ、そのできごとを忘れたいのだが忘れられない。それにたいし、複雑性悲嘆の場合は、故人を忘れたくないからしがみつくというのが遺族の基本的な態度であるとされる。

そもそもＰＴＳＤの病因は、死や重傷を負うような外傷的できごとの直接体験あるいは間接体験であり、その外傷体験は突然で暴力的であり、恐怖や戦慄《せんりつ》をともなうものである。悲嘆の病因である死別は、ある程度の予測が可能な場合も多く、暴力性や恐怖性は一般的には当てはまらない。

治療には細心の注意が必要

複雑性悲嘆の有病率に関して、研究によってはかなりの幅がある。

たとえば、病気で家族を亡くした日本人遺族を主な対象とした最新の研究では、死別から平均一年弱の時点で、有病率は二・五パーセントと報告されている。一方で、主に交通事故被害者遺族を対象とした日本の研究では、有病率は三二・七パーセントであった。

複雑性悲嘆の危険性を高める要因としては、これまでの研究から、事故や犯罪被害による死や複数の死といった死の状況や、強い依存関係や愛憎入り交じった複雑な関係といった故人との関係性、未解決な過去の喪失体験や精神疾患の既往などの遺族自身の特性が挙げられている。また、周囲からの孤立や訴訟問題などの社会的要因も指摘されている。

複雑性悲嘆の遺族への介入の際には、ほかの疾患との症候のちがいを念頭において評価し、治療のありかたを検討することが重要である。複雑性悲嘆は単独の症状がある一方で、うつ病やＰＴＳＤと併存することもある。

したがって、たとえば明らかにうつ病が認められる場合は、その治療ガイドラインに沿うが、うつ症状のない複雑性悲嘆に抗うつ薬は適当ではないなどの注意が喚起されている。一方、ＰＴＳＤが併存する場合は、トラウマによる恐怖によって正常な記憶（故人との楽しい想い出）の想起がむずかしいため、ＰＴＳＤの治療を優先すべきと考えられている。複雑性悲嘆の治療法については、まだまだ開発途上段階であり、今後の進展が待たれる。

第三章　時間はたしかに癒してはくれる。しかし……

1　落ちこんだり、前向きになったり

日にち薬

死別した方のお話をうかがうと、「もう少し時間が必要」「時間が経てば……」などと、〝時間〟という言葉がひとつのキーワードとしてしばしば聞かれる。〝時間〟は、当事者も、当事者でない人も、死別という体験になんらかの影響を及ぼすものと漠然と考えている。

〝日にち薬〟という言葉もある。この言葉は、時間は心を癒《いや》す妙薬で、悲しみやつらさは時が経てば薄らいでいくものであるということを意味している。

ほんとうのところ、死別の悲しみは時間だけで解決できるような問題ではない。ただ、時間が経過していくなかで、気持ちは少しずつ変化していく。日にち薬はすぐには効果があらわれず、なかなか効き目を実感できないかもしれない。もちろん、そこには個人差も大きくあって、人によって効き目はちがうだろう。なかには、「日にち薬は私にはまった

く効き目がありません」という人もいる。

最近の研究では、悲嘆のピークは最初の六ヵ月までであるとの報告もあるが、異論も多い。配偶者との死別から二年半が経過しても、うつ傾向を示す人の割合は有配偶者よりも多いとの報告もある。

実際、悲嘆のプロセスに必要な時間は、関連するもろもろの要因が交錯し、人によって大きく異なるように思われる。自身も子どもを亡くした経験をもつ米国の臨床心理学者キャサリン・M・サンダーズは、「思春期の子どもが完全に大人へと成長するのにかかる時間を予測するのに似ている」と表現している。つまり、一般的な目安となる時間は設定できても、実際にかかる時間となると個人差は大きいであろう。それゆえ、悲嘆の期間に一定のタイムリミットを設けることは望ましくない。それによって、遺族に要らぬ心理的圧力を与えかねない。

しかし、私たちの社会は、死別した後、一定の期間内で悲しみから立ちなおることを求めているようにも思える。

たとえば〝忌引〟は、勤務先や学校を休んで喪に服することを認める社会の制度である。組織によって異なるが、たとえば官公庁の服務規程における忌引休暇期間は、配偶者、父母(七日)、子(五日)、祖父母、兄弟姉妹、配偶者の父母(三日)、孫、おじ・おば、配偶者の祖父母・兄弟姉妹（一日）と定められている。忌引の期間が終われば、私たちはこれまでどおりの生活に戻らなければならない。なるべく早く社会生活に戻り、社会の一員としてふるまうことを暗黙裏に期待されているのである。

西田幾多郎の言葉

悲嘆は時間の経過にともない、必ずしも直線的に軽減していくのではない。気分の落ちこみと前向きな気持ちのあいだを、まるで波のように揺れ動きながら、少しずつ落ちこみが軽減していくのである。悲しみが消えることはないとしても、悲しみから離れられる時間が増えていくかもしれない。一方で、日が経つにつれ、むしろさみしさがじわじわと募ってくることもある。つらさを周囲の人に話しにくくなり、疎外感を感じることもあるかもしれない。

時間とともに少しずつ悲嘆が軽減していく過程において、ときに急激な落ちこみを経験することもある。治りかけた傷口からふたたび血がにじみ出すように、悲しみがあふれてくるのである。

とくに故人の命日や誕生日、故人との結婚記念日などが近づくと、すでに気持ちの整理ができていると思っていても、故人がまだ生きていたころの記憶がよみがえり、気分の落ちこみなどの症状や反応が再現されることがある。これは〝記念日反応（命日反応）〟と呼ばれる。日本では四季がはっきりしているため、季節の情景とともに過去の記憶がありありと思い出されてくるのである。

時間の経過によって悲しみが癒されるとしても、そのことを望まぬ遺族の複雑な心情もある。

近代日本を代表する哲学者である西田幾多郎は、学生時代からの友人である藤岡作太郎が亡き愛娘の記念として『国文学史講話』（岩波書店）という本を出版した際に、その序文を執筆している。

西田の文章は、序文にもかかわらず、本の内容にはいっさい触れておらず、子どもの死の悲しみが切々と綴られている。じつは、彼自身も同時期に、六歳になったばかりの次女と、生まれて一ヵ月の五女を立てつづけに亡くしていたのである。

> 時は凡《すべ》ての傷を癒やすといふのは自然の恵《めぐみ》であつて、一方より見れば大切なことかも知らぬが、一方より見れば人間の不人情である。何とかして忘れたくない、何か記念を残してやりたい、せめて我一生だけは思ひ出してやりたいといふのが親の誠である。（中略）折にふれ物に感じて思ひ出すのが、せめてもの慰藉《いしゃ》である。死者に対して

の心づくしである。この悲は苦痛といへば誠に苦痛であらう。しかし親はこの苦痛の去ることを欲せぬのである。

西田の飾らない言葉は、大切な人を失った者のありのままの思いを表現している。

急性悲嘆と予期悲嘆――リンデマンの研究

大切な人にどのような形で死が訪れるのかは誰にもわからない。

日本人の死因の第一位は一九八一年以来、悪性新生物（がん）であり、平成二十三（二〇一一）年の〈厚生労働省人口動態統計〉によると、全死亡総数の二八・五パーセントを占める。六十代で亡くなった人にかぎれば、約半数ががんによる死を迎えている。心疾患と肺炎、脳血管疾患を加えた四大死因によって、年間八十万人以上の人が亡くなっているのである。一方で、自殺や事故、犯罪被害、自然災害などによって、大切な人が死を迎えることもある。どのような死因であろうと、〝大切な人を失う〟という一点においてちがいはない。しかし、死の状況によって特徴的な反応がみられることがある。

朝、元気に出かけていった人が、夜には物言わぬ遺体となって帰ってくるという悲劇は、誰の身にも起こりうる話である。予期せぬ突然の死が、遺族に深刻な影響を与えることを初めて指摘したのは、マサチューセッツ総合病院の精神科長であったエリック・リンデマンである。

一九四二年十一月二十八日の深夜、ボストンのナイトクラブ「ココナッツグローブ」が炎上し、四百九十二人の死者を出した。皿洗いの少年がすったマッチの火が、家具に燃え移ったのが原因だったという。リンデマンが一九四四年に発表した「急性悲嘆の症候群とマネジメント」と題する有名な論文は、その被害者遺族らに面接をおこない、会話記録を分析してまとめたものである。

そのなかで彼は、〝急性悲嘆〟の典型的な症状として、

・身体的な苦痛
・故人のイメージで頭がいっぱいになること
・罪の意識
・敵意
・日常的な活動の障害

がみられたと報告している。近年の臨床報告では、突然の死の直後には、立ちくらみや胸の圧迫感、脱力感、急性の湿疹を訴えたり、過換気症候群に陥ったりする場合もあるという。

一方で、がんなどの慢性疾患による死の場合は、突然の死とは異なり、病気が発覚してから死が訪れるまでに一定の期間がある。大切な人の死が予測されるとき、実際の死が訪れる以前から、残される者が特殊な心理状態に陥ることは想像に難くない。この心理状態は〝予期悲嘆〟と呼ばれるもので、これについて初めて言及したのもリンデマンである。

家族や親族らは、現実を認めたくない気持ち、病気が治ることへの希望をいだきつつも、目の前で弱っていく患者のようすを見て、死が近いことを意識せざるをえず、悲しみの度を深めていく。ときに予期悲嘆があまりに強く、患者を避けたり、十分なコミュニケーションが取れなくなったりする人もいる。

このような、患者が亡くなる前に経験される予期悲嘆は、死別後の悲嘆を先取りしたものではない。悲嘆には消費されるべき絶対量があって、それを故人の生存中に前もって経験すれば、死別後の悲嘆がそのぶん軽減されるという考えは誤りである。たしかに予期せぬ突然の死は、残された者に大きな衝撃や強い悲嘆を引き起こすとはいわれているが、その裏が正しいとはいえない。つまり、十分に予期悲嘆を経験したからといって、死別後の悲嘆が小さくてすむとはかぎらない。

あいまいな喪失

ところで予期せぬ別れは、突然死の場合にかぎらない。

一定期間の闘病の末に亡くなった場合は、一般的には〝予期せぬ別れ〟とはいわない。しかし、客観的状況から想定される〝予期せぬ別れ〟と、遺族の主観的な意味での予期の有無は一致しないこともある。がんなどの慢性疾患による死の場合でも、医師の説明とそれにたいする家族の理解よりも早い時期に患者が急変して死亡したならば、遺族は〝予期せぬ別れ〟と感じるかもしれない。

また、〝予期〟と〝心の準備〟は必ずしも一致しない。大切な人の死が差し迫っていることを知ることと、死にたいする心の準備をすることは同じではない。長年にわたる介護を続けてきた場合でも、その死を受け容れる準備はできていなかったということもある。死が予測でき、心の準備をする時間が十分にあったとしても、大切な人を失うことにたいする心の準備は容易にできるものではない。

突然の死であれ、予期された死であれ、多くの死別においては、遺体を目の当たりにして、死の現実が厳然たる事実として残された者に突きつけられる。しかし、山や海での遭難事故、犯罪被害が疑われる行方不明者の場合、その人が死んでいるのか生きているのかわからないということもある。

東日本大震災では、多くの方が津波で流され、行方不明のままとなっている。このような体験は、〝あいまいな喪失〟と呼ばれる。

通常の死別の場合、遺族は永遠の別れが生じたことを認め、悲嘆の過程を始めることになるが、生死不明の状況の場合、悲嘆の過程は凍結され、始められない。残された人は、状況の不確実性の継続に困惑し、無力感や、抑うつ、不安などを示しがちであり、思いのすれちがいから家族内での対立が生じることもある。

つらい子どもの死

「子どもを亡くすことはあなたの未来を失うこと」という言葉がある。

この言葉が示すように、親にとって、子どもは夢や希望を与えてくれる存在であり、遺伝子というかたちで自分の一部を未来につないでくれる存在でもある。子どもの死は、「順番が逆だ」という思いや、親子の絆の強さもあって、死別体験のなかでもとくに衝撃の大きい体験であり、残された親の悲嘆は深く、未来が見えない絶望感に苦しめられる。

厚生労働省の〈平成二十三年人口動態統計〉によると、二十歳未満の未成年者の死亡数は六千八百三十七名であり、全死亡者数に占める割合は〇・五パーセントにすぎない。それゆえ子どもの死はありふれたできごとではなく、家族の心情としては「なぜうちの子だけが……」という思いは強くなる。

また子どもの死亡原因としては、全体に比べ、「不慮の事故」の割合が非常に高く、突然の予期せぬ死である場合が多い。また十代後半の子どもでは、「自殺」による死の割合がもっとも高い。このような死の特異性ゆえに、周囲もどう対応してよいかわからず、残された家族は社会的に孤立した状態におかれやすい。

子どもを亡くした親の場合、強い怒りや罪悪感がしばしば経験される。自分に過失があろうがなかろうが、子どもを失った親の多くは、〝子どもを守る〟という親としての責任が果たせなかったと自分を責める。あるいは怒りが、死の前後にかかわっている医療関係者や学校関係者に向けられることも多くある。また罪悪感と関連して、「もうあの子が味わえない楽しみ」や「あの子がいなくなったために、こんなことをする余裕ができた」という理由から、おいしい物を食べることや、家族で旅行に行くことなどに後ろめたさを覚える人もいる。

影響はさまざま

子どもの死が夫婦関係に及ぼす影響については多くの研究があるが、必ずしも一致した結果が得られているわけではない。子どもの死を経験していない夫婦と比較して、離婚率が高いとの報告がある一方で、互いの親密度が高まった、あるいは差はみられないとの報告もある。

このような子どもとの死別による夫婦関係の変動には、同じひとりの子どもの死であったとしても、夫婦それぞれで異なる悲嘆の表現や対処のしかたが関係していると考えられる。たとえば、父親は母親に比べ、感情を抑制して冷静に対処しようとする傾向が強く、元の日常生活に早く戻ろうとする特徴があるという。このような夫婦間の差異を互いにどこまで理解し、尊重できるかが、夫婦関係の悪化もしくは維持・向上に関係するのである。

子どもの死は、そのきょうだいにも大きな影響を与える。とくに問題があるのは、残された子どもにたいして、親による不適当な対応がみられる場合である。

たとえば、親がそのきょうだいに亡き子と同じようにふるまうように促したり、あるいはその子みずからが亡ききょうだいに成り代わろうとしたりすることがある。また死後に生まれた新たな子どもにたいして、まるで生まれ変わりのように扱うこともあり、その場合、その子どものアイデンティティの確立は困難なものとなる。

子どもの死は、祖父母にとっても深刻なできごとである。

孫と死別した祖父母は悲嘆反応を経験するだけでなく、亡き子の両親、すなわち自身の子どもの苦悩を目の当たりにし、無力感を感じることがある。とくに亡き子の母方の祖母は、実の娘である亡き子の母親にとって、しばしば大きな力となるが、その反面、精神的な負担は大きくなるかもしれない。

親子関係の変容がもたらすもの……

一方、子どもの死にたいして、成人した子にとっての親の死は、死別の影響が比較的小さいと報告されることが多い。

その理由として、まず親の死は子どもの死に比べ、自然の摂理として受け容れやすいことがある。ただし親がまだ若い場合には、これは当てはまらない。

第二の理由として、親からすでに独立した成人の場合では、配偶者との死別に比べると、家事や育児、金銭的問題など、死別後のストレス要因が少ないことがある。

第三として、子どもは成長して自分たちの生活が忙しくなるにつれて、親とのかかわりや愛着は弱くなっていくためとの意見もある。これは逆に考えると、親との死別であっても、故人への心理的、社会的依存度が高かった場合には、死の衝撃はきわめて大きなものとなる可能性を示唆している。

近ごろは非婚化の傾向が強まるなか、親離れ・子離れできない親子が増えてきているようである。厚生労働省の〈平成二十二年国民生活基礎調査〉によると、結婚していない子どもと同居する六十五歳以上の高齢者世帯は、二十年前の約三倍にあたる三百八十四万世帯にのぼるという。最近では〝一卵性母娘《おやこ》〟という言葉もあるようだが、母娘にかぎらず、まるで年の離れたきょうだいや友だちのような親子関係において、彼らはお互いによき相談相手であり、よき遊び仲間であり、深いつながりがそこにはある。

このような関係の親子にも、いずれは死別という別れがやってくる。親が先に亡くなる可能性が高いが、逆の場合も当然ありうる。そのときの残された者の悲嘆ははかりしれないものがある。

2　私はひとりになってしまったのか？

もろい男性

大切な人との死別は、男女を問わず、つらいできごとであることにちがいはない。悲嘆そのものの本質には差はないのかもしれない。しかし、それによって受ける心身への影響には性差があり、男性のほうが心身へのダメージが大きいことがしばしば指摘されている。

第一章で述べたように、多くの疫学的調査の報告によると、伴侶を亡くした場合、配偶者が健在な人に比した死亡率や自殺率は、女性に比べ男性のほうが高いという。また、死別した後のうつ症状が、通常の水準に戻るまでの期間についても、男性のほうが時間を要すると報告されている。これらの知見はあくまでも全体としてみたときの傾向なので、もちろんすべての男性がもろくて傷つきやすく、すべての女性がそうでないというわけではない。

伴侶を亡くした場合、男性のほうがもろい傾向にある主たる理由として、周囲の人からのサポートが乏しいことが考えられている。男性の場合、仕事を通じて社会的ネットワークが確立されることが多いため、とくに定年後の無職の男性では社会的ネットワークが乏しく、女性よりも有効なサポートを得られにくい状況となる傾向が強いのであろう。また、サポートにたいする態度にも性差が指摘されており、男性のほうが、死別後に周囲の人や専門家に援助を求める傾向が弱いともいわれている。

とくに日本人男性の場合、配偶者への依存度が高いことも、妻亡き後の人生の歩みを困難にしているかもしれない。

前述した日本・アメリカ・韓国・ドイツ・スウェーデンの六十歳以上の人を対象とした平成二十二年度の内閣府の国際比較調査によると、心の支えとなっている人として「配偶者あるいはパートナー」と回答した男性の割合は、日本では七八・八パーセントと五ヵ国のなかで高い部類であり、もっとも低いアメリカは五七・一パーセントであった。また、「親しい友人・知人」と回答した日本人男性の割合は、一一・九パーセントと低い部類であり、アメリカ人男性は三九・二パーセント、ドイツ人男性は二八・四パーセントであった。

この調査の結果は、アメリカやドイツに比べ、日本では男性高齢者は、配偶者への心理的な依存度が相対的に高く、その一方で、家族以外の人間関係が乏しいことを示唆している。夫婦であるのだから互いに支え合うことは自然なことだが、日常生活面のみならず、心理面や社会的な活動面においても、妻への依存度が高い場合、残された男性は非常にもろい状態に陥る危険性が高いであろう。

また伴侶を亡くした男性がもろい傾向にあるほかの理由として、食生活の悪化や不十分な体調管理も考えられる。過度の仕事や、飲酒や喫煙の増大など、悲しみへの不適切な対処方法が男性に多くみられるとの指摘もある。このように伴侶を亡くすということ自体のつらさは男女共通だとしても、その後の経過において、男性のほうが死別のダメージが深刻化する可能性が高いといえる。

にもかかわらず、これまで男性の死別体験は過小評価されてきたかもしれない。ここで悲嘆のあらわしかたにおける性差についての興味深い研究をひとつ紹介したい。配偶者と死別した人を対象とした研究で、遺族の思いを尋ねる調査を依頼した際に、協力した人と協力しなかった人に、後日、追跡調査をしたものである。

その結果、男性の場合、非協力の人は協力した人に比べうつ傾向が強く、一方で女性は逆の傾向であることが明らかとなった。つまり、女性は落ちこんでいる人ほどみずからの気持ちを表現しようとするのにたいして、逆に男性は落ちこんでいる自分を見せないようにする傾向があるというのである。

男性がみずからの死別体験について語るとき、それは落ちこみからある程度回復したときであって、もしかしたらなにも語らない男性ほど、悲しみの深淵で苦しんでいるのかもしれない。

年齢と世代

ところで、性別による差ほど明確ではないが、年齢層による死別後の悲嘆のちがいも指摘されている。

配偶者との死別に関していえば、年齢差を認めない研究も一部には存在するものの、これまでの多くの研究は若年者のほうが高齢者に比べ、悲嘆は強く、心身の状態が良好でないことを示している。

このような伴侶との死別における年齢差の理由としては、まず死の時期の問題が考えられる。若年者に比べると、高齢者のほうが配偶者の死を人生における避けがたいできごととして受け容れやすいかもしれない。

たとえば、四十五歳から六十四歳のいわゆる中年期での死は、とくに日本人の平均寿命(二〇一一年)である女性八五・九〇歳、男性七九・四四歳から考えると早世の感が強い。また若い人のほうが、自殺や事故など予期せぬ死別の可能性も高い。

ほかの理由として、死別にともなうストレスの問題もある。中年期での配偶者との死別の場合、家事や仕事、育児や養育など、新たな役割が多く課せられる可能性が高く、それにともなうストレスが予想される。

くわえて、サポートに関して、高齢者では、周囲に同様の経験をしている人が少なからずいる可能性は高いが、若い年代の人の場合、まわりをみても伴侶を保つ友人や知人ばかりである。ふつうに日常会話を交わすことはできても、死別という体験については話すことがなかなかできない。できないというよりは、話しても理解されないだろうとの思いから、あえて話さない。また、親や友人たちも、どう声をかけたらいいのかわからず、腫《は》れ物に触るような状況で、ますます孤立してしまうこともある。

さらに日本の場合では、たとえば戦中・戦後や、その後の高度経済成長期、そして物質的には豊かとされる現在など、育ってきた時代背景による、個人の価値観や生命観、困難への対処能力における世代間のちがいもあるかもしれない。

子どもの悲嘆

大人と同様、子どもの悲嘆反応にも大きな個人差があり、また年齢によってもちがいがみられる。二歳未満の子どもでは、〝死〟の意味はわからないものの、周囲の大人の感情や環境の変化を察知し、食事や泣きかたが不規則になったり、いらだちを示したりすることがある。

幼い子どもの場合、強い情緒を体験する能力には限度があるため、激しい感情的反応や行動的反応は長続きせず、断続的であるといわれている。それゆえ大人に比べて元気そうに見えるかもしれないが、実際にはまわりが思っている以上に悲嘆が長期に及んでいる場合がある。また泣きじゃくる子どもがいる一方で、まったく泣かずに、まるでなにごともなかったかのようにふだんどおりの活動や遊びをしたりする子どももいる。思春期の子どもでは、感情を表現したり、死別体験について話したりすることへの抵抗感がみられるかもしれない。

子どもの主な感情的反応として、悲しみや怒り、罪悪感にくわえて、不安が挙げられる。

子どもが感じる不安のひとつは、「ぼくも死ぬの？」「私もがんになるの？」といった自分にも同じことが起こり、死ぬのではないかという不安である。夜、寝つけなかったり、悪夢にうなされたりすることもあるかもしれない。また、ほかの家族もいなくなってしまうのではないかとの不安をいだく子どもや、これからの生活を心配する子どももいる。

子どもの場合、死別による悲嘆が言葉で表現されるのではなく、頭痛や腹痛などの身体症状や、落ち着きのない態度や攻撃的な行動、不登校や学習上の問題としてあらわれることがある。長年にわたって、死別した子どもへの支援をおこなっている家族療法家の石井千賀子は、身体面・行動面にみられる子どもの悲嘆の表現を、三つのタイプに分類している。

(1)**不健康児タイプ**……頭痛や腹痛などの身体の痛み、微熱、吐き気、食欲不振、不眠、夜尿、夜驚、チックといった身体症状を示すタイプの子どもである。医療機関に行っても、身体上の原因は見当たらないと診断されるかもしれない。

(2)**心配無用児タイプ**……周囲の心配を感じ取って、妹や弟の面倒を積極的にみたり、遺された親を心理的あるいは物理的に助けて安心させたりして、元気そうに見えるタイプの子どもである。しかし、実際は家族のために必死に踏ん張っている状態で、親代わりや親の相談相手などの役割を長い間続けると、その後にほかの人間関係や身体症状で悩むこともある。

⑶ **問題児タイプ**……急に感情を爆発させたり、暴力的になったり、非行に走ったりするなど、周囲を困らせる言動が多くみられる子どもである。一見すると悲嘆と関連するようには見えないかもしれないが、感情を制御できないほどの苦しみのあらわれとも考えられる。

幼少期や思春期における親との死別体験が、成人期のうつ病や不安障害などの精神疾患につながる危険性については、必ずしも明確な関係性は認められていない。そこには、死別時の年齢、死別後に直面した困難なできごと、残された親の精神的問題など、複数の要因が複雑に介在していると考えられ、とくに故人亡き後の家族環境が重要な要因であると指摘されている。

けっしてひとりきりではないことを

悲しみのなかにある子どもにまず必要なことは、安定した環境を整え、子どもが安心を感じられる生活を取り戻すことである。以前のような生活や活動を続けられることが、心の回復につながる。子どもにとって信頼でき、頼れる大人の存在は、大きな支えになる。

子どもは、死に直面したときにまわりの大人たちがどのような反応や対応をしているのかを見て学んでいく。大人は、子どもたちを不安にさせないように自分の気持ちを隠そうとするかもしれない。しかし、子どもにとっては、泣いたり、怒ったりしてもいいのだということを知ることができる見本となるような大人が必要なのである。

子どもにとって、亡くなった人について話したり、気持ちを表現したりする機会があることは望ましいことである。まわりの大人は、価値判断はせず、その子がどう感じているのかに関心をもって聴くことが大切である。急に泣き出したときには、背中をさすったり、肩を抱いたりするなど、子どもがひとりきりでないことを感じられるようにすることがよい。ただし、子どもが話をしたがらない場合、無理に体験を語らせるべきではない。

幼い子どもの場合では、自分の思いや感情を表現するためには、言葉よりもむしろ、遊びや、絵や工作など創造的な方法のほうが有効であるとされている。それによって、言葉にできない思いを表現したり、感情を発散したり、大人と体験を共有することができるかもしれない。ただしこの場合も、むやみにおこなうのではなく、〝こころのケア〟の専門家が同席するなど、安全な環境のもとにおこなうことが望ましい。

アメリカのオレゴン州にあるダギーセンターは、死別した子どもへの支援をおこなう施設としてよく知られており、世界でもっとも歴史と実績がある。ダギーセンターでは、一九八二年に設立されて以来、大切な人を失った子どもとその家族が、彼らの体験を自由に分かち合うことのできる安全な場が提供されている。

身近な人からの支え

「娘とか息子がいてくれたから、私も落ち着けたと思います。ふだんどおりの自然なふれあいのなかでそれが慰めになったと思います。主人が私のために、残してくれたんだと思っています」

この言葉は、一年半前に夫を亡くした五十代の女性のものである。現在は息子と二人で生活し、結婚した娘とは別に暮らしているが、娘も近くに住んでいるという。

大切な人を亡くした後、家族や友人など身近な人からの支えは、残された者にとって大きな力になる。遺族を対象としたさまざまな調査で、死別後に助けになったこととして、身近な人に支えられたことが上位に挙げられることは多い。

遺族にとって、具体的にどのような支援が望ましいのかについては後でくわしく述べるが、一律に定めるのはむずかしい。なぜなら支援が有効なものとなるためには、提供された支援の内容と、支援にたいする遺族のニーズがどれくらい適合するかがカギとなるからである。たんなる支援の量や質ではなく、提供された支援にたいする当事者の主観的評価が重要なのである。

たとえば、家族による支えに関しては、必ずしも特別な支援は必要ない場合も多い。先ほど紹介した女性の言葉が示すように、家族の存在自体や、これまでどおりの生活を継続し、そのなかで自然に接することを通して家族の一体感を感じることが、心の支えになるのである。

家族による支えという点では、同居か別居かよりも家族の関係がどうであるのかが重要かもしれない。伴侶を失った高齢者を対象とした調査によると、孤独感は同居者の有無ではなく、家族関係と関連があることが示されている。家族と離れて暮らす独居高齢者の孤立は社会的問題としてしばしば取り上げられるが、家族と同居する高齢者における家庭内孤立による孤独感も見過ごせない。

家族関係をみるひとつの指標として、家族の〝表出性〟というものがある。これは、家族のメンバーがオープンに行動し、感情を直接的に表現する程度をあらわしている。家族の表出性が低い家族では、死別後、故人の死に関連した話題はタブーとなりがちである。

私の調査では、このような表出性が低い家族に比べ、家族のまとまりがよく、表出性が高い家族では、家族員のうつ症状が軽いことが示された。一方で、家族の死を経験していない家族の場合、家族関係の良否による家族員のうつ症状に明確なちがいはみられなかった。

この結果は、死別という家族の一大事において、家族関係の質がまさに問われるということを示唆している。死別は個人的なできごととしてとらえられがちだが、一方で家族全体としてのできごとでもある。個々の家族員が必要とするサポートを家族内で十分に提供し合えるか否かという、サポート源としての家族の潜在力が試される機会であるともいえる。

3 亡き人の死の意味を決めるのは

望ましい最期

どのような人生の最期を望ましいと感じるかは、人によってちがう。

日本ホスピス・緩和ケア研究振興財団の二十歳から八十九歳までの全国の男女約一千名を対象とした二〇一二年調査の報告によると、「もし自分で死にかたを決められるとしたら、あなたはどちらが理想だと思いますか」と二者択一で尋ねたところ、「ある日、心臓病などで突然死ぬ」と回答した人が七〇・九パーセントだったのにたいして、「(寝こんでもいいので)病気などで徐々に弱って死ぬ」と回答した人は二六・三パーセントにとどまった。この傾向は、とくに高い年齢層の人で強いという。このように自分自身の理想の死として〝ぽっくり願望〟は根強く、その主な理由としては「家族に迷惑をかけたくないから」「苦しみたくないから」が挙げられている。

しかし、残される者の側からすると、ぽっくりと死なれてしまうことは、必ずしも望ましいことではない。突然の予期せぬ死は、残される者に深い傷を残す可能性があることは、先に述べたとおりである。

逆に、残された者にとって、亡き人の最期が望ましいと思えるものであったならば、死別後の悲嘆が少しは軽減されるかもしれない。たとえば、患者の死が身体的な苦痛から解放され、安らかな死であった場合、より厳密に言うと、遺族がそう思えた場合である。

ホスピスで最期を迎えた患者の家族のなかには、「おかげさまで、最期はほんとうに安らかに過ごすことができました」と感謝の気持ちを述べられる方が少なくない。死を避けられなかったことは残念であることにちがいないが、少なくとも最期が苦しまず、安らかであったと思えることは、遺族にとってひとつの救いになる。症状コントロールを含めたよき終末期のケアは、死にゆく患者のみならず、残される家族にとっても重要な意味をもつのである。

遺族にとって信頼できる医療者との出会いも、死別した後の悲嘆に影響する。インフルエンザ脳症で一歳になったばかりの娘を亡くし、現在は遺族のセルフヘルプ・グループ「小さないのち」の代表や、「こどものホスピスプロジェクト」の活動など、幅広く活躍している坂下裕子は、心に残る医師の言動として、

「何度も涙を流し、最後の最後まで子どもといっしょに頑張ってくれた。口数の少ない先生だったので、言葉はほとんどなかったが、態度や行動で十分に思いが伝わってきた」

と述べている。このような心ある医療者との出会いは、残された者にとって、せめてもの救いであり、慰めになる。逆に、故人の死に際して、医療者への不満が大きい場合には、遺族は怒りの感情で心が占められ、悲嘆のプロセスが長引くこともある。

エンバーミング

もちろんすべての人が本人にとって、あるいは家族にとっての〝望ましい最期〟を迎えられるとはかぎらない。むしろ〝望ましい最期〟を迎える場合のほうが、少ないかもしれない。事故や災害、犯罪、自殺などによる死の場合、残された者は〝望ましい〟などとと

うてい思えないだろう。

ただ、もし死を迎えるまでに与えられた時間が残されているのであれば、少しでもよかったと思える最期のときを過ごすことは、患者にとっても、残される家族にとっても大切なことである。その意味で、看取りの医療が果たす役割は大きく、遺族へのサポートは死別後に始まるのではなく、亡くなる前の時点からすでに始まっているといえる。

ところで、〝最期〟に関わるのは医療だけではない。近年、葬儀社が提供するサービスのひとつとして、〝エンバーミング（遺体衛生保全）〟と呼ばれる技術が注目されており、利用者が増えつつある。エンバーミングは、古くはエジプトのミイラにさかのぼるが、現在の技術は、アメリカの南北戦争の折、遺体を長期輸送するための技術として発達したものである。

エンバーミングでは、血管を通して遺体の血液と防腐剤を入れ替えることで、遺体の長期保存を可能にする。それによって急いで葬儀をおこなう必要がなくなり、落ち着いて準備を進めることができ、故人と顔を合わせる最期の時間をゆっくりと過ごせるようになるという。また、死亡時の外傷や、長い闘病生活や薬の副作用によるやつれをなおし、生前の穏やかな故人の姿に近づけることができる。これらの点で、エンバーミングは遺族の悲嘆を緩和するひとつの手段と考えることもできるであろう。

傷つけられる遺族

遺族のなかには、まわりの人の心ない言葉や態度に傷つけられた経験がある人が少なくない。

以前に私がおこなった調査で、「死別後につらかったことはなんですか?」と尋ねたことがある。そのとき、「思いやりのない言葉をかけられた」との回答を選択した人が、全体の三八パーセントもみられた。大切な人を失うこと自体、たいへんつらい体験であるにもかかわらず、こんなにも多くの人が傷口に塩を塗られるような体験をしているのかと非常に驚いた記憶がある。

周囲からの配慮に欠ける言動や、いわれなき偏見や非難によって、深い悲しみのなかにある遺族がさらに傷つけられ、孤立感を強めることになりかねない。とても残念なことである。

このような死別後にさらに傷つけられるという体験は、人為的事故や犯罪などの被害者遺族の場合、裁判や補償問題の関係もあってとくに多いかもしれない。

犯罪被害者遺族を対象としたある調査によると、直接被害である一次被害にたいし、二次被害と呼ばれる追加的な苦痛を経験した人は、回答者全体の八七パーセントにものぼっていた。二次被害を受けた相手としては、近所の人や警察をはじめ多岐にわたっており、司法解剖にまつわる被害、マスコミによる報道被害もある。それにくわえて、味方であるはずの〝支援者〟から受けた痛みの体験を訴える声もある。

これらの調査結果を受けて、「世のなかには悪意のある人がそんなにいるのか」というと、そんなことはないだろう。おそらく〝思いやりのない言葉〟を発したとされる人のなかには、〝励ますつもり〟とか〝慰めるつもり〟だった人も多く含まれるのではないだろうか。まわりの人は、遺族がどのような言葉で傷つくのかをわかっていない場合が多い。しかし、いくら故意でなかったとしても、言葉や態度によって結果的に遺族が傷つけられているという事実は非常に重い。むしろ自覚していない場合が多いであろうことが、この問題の根の深さを示している。

〝大往生〟という言葉

日本初の遺族のための病院外来である〝遺族外来〟を立ち上げ、精神科医として日々、遺族に向き合う大西秀樹は、遺族を傷つける〝思いやりの言葉〟として、

「大往生でしたね」

「がんばってね」

「あなたがしっかりしないとだめ」

「元気？」

「落ち着いた？」

「気持ちの整理つきましたか？」

などを挙げている。いずれもけっして攻撃的な言葉ではなく、一見すると親切心から発せられた言葉のようにも思えるが、遺族にとってはなんの慰めにもなっていないのではないかと大西は指摘している。

〝大往生〟という言葉の問題については、私も別のところで耳にしたことがある。ある勉強会で知り合った公立病院の看護師長から聞いた話だが、彼女が以前、高齢の女性患者が亡くなった際に、「大往生でしたね」という言葉を口にしたところ、それを聞いた家族が激怒したという。安らかに死ぬことを意味する〝大往生〟という語は、本来、否定的な意味はなく、遺族自身が使う場合もある。だが、この言葉を第三者から言われると、あたかも、

「長生きしたからよかったじゃないの」

と言われているかのように感じ、不快に思う遺族も少なくない。私が看護師長から聞いたご家族の場合も、

「まだまだ生きてほしかった」

という気持ちでいたなかで、看護師長のなにげないひと言は聞き流せなかったものと思われる。

亡き人の死が、〝大往生〟であったかどうかを決めるのは遺族なのである。

具体的にどのような言葉や態度が〝不適切〟であるかについては、遺族とのそれまでの人間関係や、遺族のそのときの心理状態などが関係し、最終的には遺族本人の主観によるところが大きい。したがって、この問題の事実を指摘することはできても、なにが適切で、なにが不適切かを、一律に定めることはむずかしい。遺族は相手の言葉や態度の一つひとつにとても敏感になっており、遺族に接するにあたっては、みずからの言動がストレス要因にもなりうることを心に留めておく必要がある。

また、遺族を前にしてなんとなく使っている言葉は、いったい誰のための言葉なのかをあらためて考える必要がある。個人的な興味による問いかけや、その場しのぎの表面的な励ましは、遺族の心には届かないだろう。逆に言えば、大西医師が挙げた言葉や、一見すると不適切と思われるような言葉であっても、そこに温かい心を遺族が感じるならば、遺族の気持ちを揺さぶるかもしれない。言葉にならない思いも、表情や態度から遺族に伝わることがきっとあるだろう。

第四章　死別に向き合うプロセス

1　故人は〝生きている〟

ボウルビィの四段階

死別という人生の不可逆的なできごとに直面した後、人はどのようなプロセスをたどり、新たな生活や人生を歩みはじめるのであろうか。

死別後の悲嘆のプロセスとして、段階モデルあるいは位相モデルと呼ばれる考えかたがある。段階モデルでは、死別した人の主に心理状態や行動の特徴について、時間順に順序づけようと試みる。たとえば、英国の精神科医ジョン・ボウルビィは、みずからが提唱した愛着理論にもとづき、

①無感覚と不信
②思慕と探求
③混乱と絶望
④再建

の四段階を示している。ボウルビィによると、無感覚の段階は、一般に数時間から一週間ほど連続する段階で、これが非常に強烈な苦悩や怒りの爆発に終わることもある。第二段階は、失った人物を思慕し探し求めることが数ヵ月そしてときには数年続く段階で、怒りや非難もこの段階の特徴である。そして喪失が永続的な事実であることを受け容れる第三段階の時期を経て、生活を立てなおす第四段階を迎えるという。

このような段階モデルは、遺族の悲嘆のプロセスを理解するための一般的な目安としては有用である。しかし一方で、痛烈な批判の声があるのも事実である。段階モデルは、悲嘆プロセスを普遍的なことと決めつけ、誰もが同じ道程を歩み、あたかも時間と忍耐のみが必要であって、選択の余地がないかのような誤解を与えるというのである。

遺族は能動的存在である

段階モデルの考えかたは、遺族一人ひとりの個性を尊重しておらず、遺族の無力感を強化しかねないと指摘する専門家もいる。

たしかに死別という体験において、人はただただ受け身的に悲嘆を経験し、時間に身を任せてじっと耐えることしかできないわけではない。もし悲嘆の嵐が過ぎゆくのを待つことしかできないのであれば、遺族はあまりに無力な存在である。しかし、実際はそうではない。遺族は、大切な人を失うという事態にたいして主体的に向き合い、自分なりに対処しようと試みることができる能動的な存在なのである。その意味で、私は基本的な視点として、遺族は一時的には弱者であったとしても、潜在的にはみずからの力で立ち上がり、人生を歩みはじめる力を有していると考えている。

米国の心理学者で、グリーフカウンセラーのロバート・A・ニーマイアーは、遺族の主体性について次のように述べている（『〈大切なもの〉を失ったあなたに』春秋社）。

人生を物語にたとえるとしたら、そして私たちが行動、意思決定、言葉によって物語を執筆していると仮定すれば、喪失は、その流れを中断するものです。喪失前と後では、決定的な話の矛盾が起きてくる恐れがあります。ある章の途中で中心人物を失った小説のように、死別による喪失で崩壊した人生の物語をわかりやすく続行させるために、著者は筋書きに大幅な変更を想定せざるをえないのです。

物語を修正できるのは執筆者である遺族自身でしかない。援助者ができることは、遺族の気持ちに寄り添い、彼らの歩みを支えることである。物語のヒントを与えることはできても、代わりに執筆するわけにはいかない。遺族にたいする援助技術がいくら発展しようとも、主体はあくまでも遺族なのである。

モリー先生は語る

〝グリーフワーク（grief work）〟という言葉がある。死別から立ちなおるためには、グリーフワークが不可欠であり、遺族への援助ではグリーフワークを促すことが目標であると広く信じられてきた。このグリーフワークという表現は、精神分析学の創始者であるジークムント・フロイトが示したドイツ語のトラウアアルバイト（Trauerarbeit）に由来し、悲嘆の作業、悲哀の仕事、喪の作業、モーニングワーク（mourning work）などと呼ばれることもある。

グリーフワークという概念自体については批判的な意見もあり、議論の余地が残されているが、この言葉のワーク（作業、仕事）という表現は、的を射ている。すなわち、当事者自身が主体となって、相応の努力と苦悩をしなければ達成できないことを暗に意味している。死別という体験は、ある意味で、肉体的労働と同じく、精神的なエネルギーを大量に消費する人生の大仕事なのである。

死別にかぎらず、つらい体験にみずから積極的に向き合うことは容易ではない。

長年、大学で教鞭をとっていたモリス・シュワルツ（通称モリー）は、筋萎縮性側索硬化症（ALS）という不治の病に罹患し、死の床にあった。一九九七年にアメリカで出版されベストセラーとなった『モリー先生との火曜日』（日本放送出版協会）は、彼の教え子でスポーツライターのミッチ・アルボムとの対話の記録である。

対話のなかで、モリー先生は次のような言葉を述べている。

女性への愛でも、愛する者を失った悲しみでも、私が今味わっているような死にいたる病による恐怖、苦痛でもいい。そういった感情に尻ごみしていると――つまり、とことんそれとつき合っていこうという考えを持たないと――自分を切り離すことはできない。

やや逆説的だが、遺族の場合も、みずからの体験を考えることを避ければ避けるほど、さまざまな想いが心をとらえて離さないかもしれない。

モリー先生は、こう続ける。

そういった感情に自分を投げこむ、頭からどーんととびこんでしまう――そうすることによって、その感情を十分に、くまなく経験することができる。痛みとはどういうものかがわかる。愛とは何かがわかる。悲しみとは何かがわかる。

深い悲しみのなかにある人にとってはけっして簡単なことではないが、みずからの悲嘆と向き合うことで、悲嘆とうまく距離をとって付き合っていけるようになるのかもしれない。

あなたはまだゐる其処にゐる

「われわれがまったく忘れてしまうまで、死者はほんとうに死んだのではない」

この有名なフレーズは、十九世紀の英国を代表する女流作家ジョージ・エリオットの言葉である。

死によって故人の肉体は失われるが、残された者にとって故人の存在が跡形もなく消え去るわけではない。もちろん生きていたころとまったく同じ存在のままではない。しかし、亡くなった後も、眼前に姿が見えなくともなんらかの存在として、その人はそこにいつづけることができる。遺族は亡き人のことを忘れて、新たな人生を歩みはじめるのではないのである。

米国の哲学者トーマス・アティッグは「故人との関係を学びなおす」と表現し、次のように述べている。

私たちは故人との絆を断ち切る必要はない。必要なのは、絆の性格とそれが人生においての占める位置を改めることだ。その人の死は、私たちに死者と別れるよう迫るというより、意味のあるつながりを保ち、改められた関係を必然的に新たなものになる生活パターンに組みこむよう迫る。

すなわち、残された者は故人の存在を自分なりにもちつづけながら、人生を続けていくのである。遺族と故人との関係性は必然的に変容するが、遺族の心のうちでの故人との絆は切れることなく保持されるのである。

彫刻家であり、詩人でもある高村光太郎は、詩集『智恵子抄』のなかで、亡き妻、智恵子への思いを表現している。

あなたはまだゐる其処《そこ》にゐる
あなたは万物となつて私に満ちる（「亡き人に」）

智恵子はすでに元素にかへつた。
……………
元素智恵子は今でもなほ
わたくしの肉に居てわたくしに笑ふ。（「元素智恵子」）

これらの言葉は、高村にとって、姿形がなくとも、亡き妻といまなお〝ともにある〟ことを強く印象づける。

社会学者の澤井敦は、故人の存在が、生きている他者の経験や活動のなかで社会的存在として存在しつづけている場合、その故人は社会的に生きていると述べている。つまり、生物学的には死んでいても、社会的にはまだ死んでいないということは起こりうるというのである。生きている者にとって、故人が社会的存在であるかぎり、故人は〝生きている〟のである。そして、社会的存在としての終焉《しゅうえん》を迎えたとき、人は生物学的にも、社会的にも死にいたるのである。

仏壇の前で

故人がどこにいて、自分にとってどのような存在となるかは、遺族一人ひとりの考えかたによって異なる。ひとつの正しい答えがあるわけではない。

ただ、年齢を問わず、亡き人は自分のすぐそばで見守ってくれていると思っている人は多いように思う。「天国で見守ってくれている」と話す方もいる。ほかにも、夫の死から一年近くが過ぎた四十代の女性は、亡き夫の居場所をお墓と考え、「夫に会いに行くために」毎日かかさずお墓参りをしていると話してくれた。故人の居場所をどこと考えるかには、それぞれの死生観や宗教的信念がかかわってくるが、必ずしも特定の宗教にもとづくものとはかぎらないように思う。

配偶者を失った米国人遺族を対象とした調査では、死別から一年あまりが経過した時点で、「故人が自分のことを見てくれていると感じる」という人が半数、「故人と定期的に話をしている」という人が約三割であった。一方、同じく伴侶を亡くした日本人を対象とした私の調査では、死別から二年以上が経過した人の約七割が「(故人が)あなたを見守り、あなたを助けてくれているように感じる」という思いをいだいていた。

これら二つの調査の結果について、直接的な比較分析はできないが、日本人のほうが、長期にわたって故人を身近に感じ、また庇護的な存在として故人を認識している傾向が強いことを示唆しているように思われる。

このような日本人における亡き人との継続する絆に関して、私は仏壇の役割に注目している。故人の写真が飾られた仏壇に、食事を供え、話しかけるなど、故人がまるで死んでいないかのような暮らしをしていることに、かつて米国人研究者がとても驚いたという逸話がある。

実際、遺族の方に日々の生活の話をうかがっていると、仏壇に毎日話しかけていて、たとえば家を出るときには声をかけて、帰ってくるとまた一日のことを仏壇の前で話すという人も多い。

私が実施した仏壇購入者を対象とした調査によると、回答者の約九割が仏前での故人との対話経験があると答えた。そのうちの約七割が故人と毎日対話をし、対話時間の平均は五分間であった。対話の内容は、日常生活の報告がもっとも多く、故人への思い、故人との思い出、相談ごと、願いごとなど多岐にわたっていた。

これらの結果は、仏前で故人と対話するということが、多くの日本人遺族にとって日常生活の一部になっていることを示している。そして、肉体はなくとも、〝聞き役〟や〝相談役〟として故人の存在や役割は維持され、仏壇は遺族が故人と向き合う〝窓口〟のような働きを有していると考えられる。

このように日本人は、お盆などの行事を通じて死者と交わり、そして仏壇を媒介として故人との絆を維持してきたのかもしれない。またこの調査では、仏壇に参ることで「自分の気持ちが落ち着く」という人も、半数近くみられた。仏壇を通じた亡き人との絆や交わりが、残された者の心のよりどころのひとつとなりえているのであろう。

2 それでも生活していかなくてはならない

死の意味を問う

「あの人はなぜ死んでしまったのか？」

「なぜ死ななければならなかったのか？」

私たちは日ごろ、すぐにひとつの答えをほしがる傾向にあるが、これらの問いへの決まった答えはない。人によっては、一生かかっても見つからないかもしれない。

人間は意味を求める動物であるともいわれる。私たちは、死別にかぎらず、人生における重大なできごとに直面するたびに、各人がそれまでの経験や学習において培《つちか》ってきたみずからの信念や価値観の枠組みのなかで、そのできごとを解釈しようと試みる。

大切な人の死に直面したときも、残された者はしばしば死の意味を問う。そして、その時点でみずからがもつ枠組みにもとづき、その死を理由づけて解釈し、意味が通るものとしてとらえようとする。つまり、自分なりに死に意味を与え、死の現実を理知的にも、感情的にもなんとか受け容れようとする。

たとえば、ある人は、

「寿命だからしかたがない」

「運命と思ってあきらめるしかない」

ととらえ、受けとめようとするかもしれない。

深い信仰にもとづき、神の意思として死を受けとめる人もいるだろう。

あるいは別の人は、もっと長生きしてほしかったけれど、故人らしい中身の濃いよい人生だったと、自分に言い聞かせるかもしれない。

なんらかの理由づけによって、遺族はその死と折り合いをつけようと動機づけられるのである。

死の意味を問うにあたって、死の原因や状況に関する客観的な事実を知ることは重要である。事実を知ったからといって、必ずしも死を納得して受け容れられるようになるわけではないが、事実がわからないままでは意味を求める方向すら見えない。事実を知ることによって、自分なりに死を受け容れるきっかけが得られることもあるだろう。

もし、みずからの既存の信念や価値観の枠組みの範囲内で、いままさに直面している死別という事態を受け容れることができるのであれば、死別にともなう苦痛はそれほど深刻なものにならないですむかもしれない。

棚上げと社会化

しかし実際には、既存の枠組みでは目の前の現実をとうてい受け容れられず、価値観そのものの修正が迫られる場合もある。

たとえば、幼な子の死や、災害や事故・犯罪被害による不慮の死などの場合、多くの人にとってその死はきわめて理不尽であり、自分なりに理由づけることは容易ではない。いくら死の原因や意味について論理的な説明がなされても、かりにそのことを頭では理解できたとしても、心情的に受け容れられないこともしばしばある。

先述の哲学者・西田幾多郎は、友人の藤岡作太郎にあてた文章のなかで、娘の死について次のようにも述べている。

若きも老いたるも死ぬるは人生の常である、死んだのは我子ばかりでないと思へば、理においては少しも悲しむべき所はない。しかし人生の常事であつても、悲しいことは悲しい、飢渇《きかつ》は人間の自然であつても、飢渇は飢渇である。人は死んだ者はいかにいつても還らぬから、諦めよ、忘れよといふ、しかしこれが親に取つては堪へ難き苦痛である。

亡き人の死にたいしてみずからをわずかでも納得させられる意味を見いだせない場合、その意味を問いつづけることは、遺族にとって先の見えない苦しい旅路となる。死の意味の探求という強迫的な衝動から解放されることはたやすくはないが、あえて意味を求めないでいる遺族もいる。自分なりに納得のいく意味が見いだせれば最善であるが、それがすぐには困難であるならば、いったん〝棚上げ〟することもひとつの選択であるのかもしれない。

死の意味を問うた結果として、その死にたいして、個人や社会にとっての肯定的な意味や意義が見いだされることもある。その背景には、しばしば「死を無駄にしたくない」という遺族の強い思いがある。一九八五年の日航機墜落事故の被害者遺族らとの面談をおこなった精神科医の野田正彰は、亡き人の〝遺志〟を想い起こし、その遺志をなんらかの具体的な社会的活動につなげることによって、故人の生命を永続させようという心理機制、いわゆる〝遺志の社会化〟を、多くの遺族にみることができると述べている。

事故であれ、事件であれ、自然災害であれ、その死を契機に、社会がよい方向に変わるならば、犠牲者の死は意味をもつというのである。大切な人の死そのものを社会的に意味づけることは、遺族にとって受け容れがたい死の現実を受けとめ、そこから一歩を踏み出すひとつのきっかけになるかもしれない。

家事・近所付き合い・仕事

遺族が直面することになる課題は、大切な人の死そのものをどう受けとめるのかという問題だけではない。現実生活上の困難や、今後の人生設計など、故人亡き後のこれからの生活や人生をどう立てなおしていくかという問題にも、遺族は対処していかなければならない。それゆえ死別という体験は、死そのものの衝撃という単一のストレス体験ではなく、死にともなうさまざまな困難を含む包括的なストレス体験としてとらえるのが妥当である。

超高齢社会を迎え、高齢の夫婦のみの世帯が増えるなか、夫や妻を亡くした後にひとり暮らしとなる人は多くなってきている。彼らにとって、伴侶の死を受け容れること以上に、みずからのいま現在の生活や将来に向けての準備が大きな課題となっていることもある。

ひとり暮らしとなった人のなかには、孤独感や「誰もいないときに倒れたら……」といった不安を訴える方がとても多い。ときには子どもとの同居などの理由により、伴侶を亡くした後に家を引っ越すこともある。長年住み慣れた場所を離れ、知り合いもいない不慣れな環境に身をおくことは、とくに高齢者にとって大きなストレスになりかねない。

〝男やもめに蛆《うじ》がわく〟ということわざがあるように、妻を亡くした男性にとっては、とくにひとり暮らしになった場合や、子どもが幼い場合には、しばしば家事が困難な課題となる。とくに料理に関しては、これまでほとんど経験のない年配の男性も多く、大きな負担となりがちである。

「これまでなにもしなかったし、なにも教わらなかった」

という一年前に妻を亡くした七十代の男性は、

「ひとりになって初めて台所に立ったが、失敗続きでたびたび嫌になる」

と話してくれた。

男性にとっては、近所付き合いも悩みの種になることがある。妻の生前はほとんど任せきりで、地域の集まりにも参加したことがなかったという六十代の男性は、ご近所との人間関係に気苦労が絶えないようであった。

家族の中心的な稼ぎ手である家族メンバーを失った場合、経済的な問題に対応しなければならない。たとえば、夫を失い、まだ独立していない子どもをかかえる専業主婦である女性にとって、経済的問題はとくに深刻であり、彼女たちの将来にたいする不安は大きい。また、収入を得るために新しく職に就くことや、故人の仕事を引き継ぐことが、新たなストレスを生むこともある。

生活がある

家族のひとりの死は、家族内の人間関係にも、ときに大きな影響を及ぼす。故人が家族の中心的な存在として機能していた場合には、その死によって家族のまとまりが薄れたり、コミュニケーションがうまく取れなくなったりすることがある。

娘二人をもつ五十代の男性は、

「家内がいるときのほうがよくしゃべっていましたね。家内が亡くなってから、あんまりしゃべりませんね」

と話してくれた。家族としてのまとまりを望むが、うまくいかないという。

また子育てに関して、思春期の息子がいる四十代の女性は、

「子どものけんかにどう対処していいのかわからないときがある」

と答えている。

配偶者、とくに夫を亡くした後、義父母との関係が問題となることも少なくない。この

関係は元来ある程度の緊張をともなうものだが、死別を契機に対立が生じることもある。とくに遺産相続などの問題で、親族との間で対立が生じた場合には、遺族のストレスはきわめて深刻なものとなる。

死別してまもない時期は、亡き人のことが頭を占めている時間は長いかもしれないが、多くの人の場合、それでも朝起きてから寝るまでの時間のすべてを費やしているわけではない。つまり、遺族は大切な人の死そのものに向き合うことに時間をかけるだけでなく、故人を失ったことによって生じた目の前の生活上の困難に対処するためや、みずからの人生をあらためて立てなおすためにも時間を必要としているのである。

故人亡き後をどのように生きていくのかという問題は、故人の死をどう受けとめるのかという問題と同じく、遺族によってはみずからの人生を通じて取り組むことになる大きなテーマである。

死別による人間的〝成長〟

大切な人の死にかぎらず、自分自身の病気や犯罪被害など、人生で経験する大小さまざまなつらい体験が、心身に悪影響を少なからず与えることはよく知られている。その一方で、それらの体験を通して、当事者の考えかたや行動などによい方向への変化がみられることも実際にある。このような変化は、〝外傷後成長〟や〝ストレス関連成長〟などと呼ばれて近年注目されている。不幸なできごとの渦中にある人にとっては、〝成長〟という表現は不適当だと感じられるかもしれないが、トラウマ体験の一端をあらわす専門用語として広まりつつある。

困難なできごとと苦闘するなかで成長するという考え自体は、けっして新しいものではない。たとえば、オーストリアの精神科医であったヴィクトール・フランクルは、アウシュビッツ強制収容所に収容されたみずからの体験をもとに、変えることができない運命にたいしても、人間は人生に意味を見いだし、みずからを豊かにすることができると述べている。

では、実際にどのようなかたちでの〝成長〟がみられるのであろうか。この分野の代表的な研究者であるリチャード・テデスキーとローレンス・カルホーンは、死別を含む外傷体験後の成長の内容として、五つの領域を示している。

①他者との関係の変化

死別体験は周囲の人との関係を壊す場合もあるが、「自分はひとりではないんだと感じた」「人のやさしさをあらためて知った」など、人間関係の親密さが増すことも少なくない。また苦しんでいる人、とくに同じような体験をした人への共感や思いやりを強く感じることがある。

②新たな人生の進路を見いだす

体験をきっかけに、新たな関心が芽生えたり、新たな活動に取り組んだりするなど、人生の新しい道を歩みはじめることがある。一年前に夫を亡くしたという五十代の女性は、二十代なかばの娘さんがいま、看護師をめざしていることを私に語ってくれた。この娘さんは、短大を出て大手企業で働いていたそうだが、父親の入院生活を目の当たりにして、看護師を志したという。このお話をうかがったのはずいぶん前のことなので、いまではおそらく、患者や家族の気持ちにそっと寄り添うことのできる看護師になって、活躍しておられることだろう。

③人間としての強さを得る

死別体験によって人間の弱さが教えられると同時に、それを乗り越えようと苦闘するなかで、自分が以前よりも強くなったと思えるようになることもある。苦しみの底を経験したがゆえのしなやかな強さを身につけ、力強く新たな人生を歩みはじめる人もいる。

④宗教的な信念や生命観における変化

重大な喪失は人びとの信仰心を失わせ、人生に絶望感を与えることもある。一方で、「寒さに震えた者ほど太陽の暖かさを感じる」という言葉があるように、死の現実に直面し、いのちの尊さや、生きていることのすばらしさをあらためて強く感じる人も多い。

⑤生きかたやライフスタイルの変化

みずからの死すべき運命への気づきを通して、「毎日を悔いなく生きたい」「やりたいことは積極的にやろうと思った」など、みずからのこれまでの生きかたを見つめなおし、人生においてなにが重要なのかということの優先順位を見なおしたりする人もいる。

成長は目標ではなく結果

このような〝成長〟は、いったいどのような心理的なプロセスを経て、生じるのであろうか。

テデスキーとカルホーンによると、深刻なできごとが私たちのもつ世界観や価値観を打ち砕くとき、人はその体験の意味を探求すべく動機づけられる。そして、このできごとの意味を首尾よく処理する過程であらわれるのが外傷後成長であるとされる。

つまり、それぞれの人の世界観や価値観にたいして、一定の脅威が与えられた場合において、そのできごとは人間的な成長の機会となりうるというのである。他方で、人間関係における よい方向への変化は、他者との体験の共有や支え合いを通して見いだされるとも考えられている。

　困難なできごとを通しての人間的成長を理解するうえで、テデスキーとカルホーンは次の三点に留意すべきであると述べている。

　まず、人はすべての面において成長を経験するわけではなく、また成長をとくに経験しない人もいる点である。「遺族は成長しなければならない」という誤ったメッセージを送ることになってはならない。成長は目標ではなく、あくまでも結果なのである。

　次に、なんらかの成長がみられたからといって、苦痛や苦悩を経験していないわけではないということである。まわりの人間はついつい遺族の成長の側面に目が行きがちであるが、その遺族がかかえている負の感情にも目を向ける必要がある。

　そして最後に、成長が経験されるからといって、悲劇や喪失は望ましいこと、必要なことと、とらえられるべきではないことが強調されている。

3 〝あの世〟を身近なものにする

あちらの世界で穏やかに

最愛の妻を突然に亡くし、胸が締めつけられるようなさびしさを感じる日々を過ごしてきた七十代の男性は、別れから二年近くが過ぎ、少しずつみずからの新たな人生を歩みはじめているいまの心境を、次のように表現している。

私はこんなふうに考えているのです。妻は天国にいる。私もいずれは天国に行く。妻と再会できる。それまで生きているあいだ、たくさんの人と知り合って、たくさんのことをやって、土産話をいっぱい作ってから妻と会いたい。

伝統的な日本人の死の文化として、文化人類学者の波平恵美子は「死者を想定する文化」という考えかたを示している。すなわち、かつて多くの日本人は、人は死んでも〝死者〟

として存在し、残された人びとは死者となんらかの関係をもちうると信じていたという。葬送儀礼は、死者の霊魂を、〃この世〃から〃あの世〃へ送り出すためにおこなわれる。残された者は死者を〃見送る〃のであり、死者は〃旅立つ〃のである。ここでは、私たちがいまいる生者の世界である〃この世〃にたいして、死者の行方として〃あの世〃が想定されている。死者は跡形もなく消え去り、完全な無になるのではない。

日本人は、〃この世〃から〃あの世〃を経て、ふたたび生まれ変わるまでを〃一生〃とみなし、〃この世〃と〃あの世〃はすべてが正反対の対極の世界であると考えてきたという。このような〃あの世〃観は、現在においても葬送儀礼の慣習のなかに認めることができる。死に装束の着せかたは胸元の合わせを左前にすることや、遺体の清拭《せいしき》をする際に水のなかに湯を足して湯加減の調節をする〃逆さ湯〃などが、その代表的な例である。お通夜が夜に行われることについても、いまのお通夜が昔の葬儀にあたり、〃この世〃の夜におこなうことで、〃あの世〃が朝のうちに送ってあげようと考えてのことといわれている。

また、〃あの世〃と〃この世〃は交流が可能であり、先祖の霊は、お盆やお彼岸になると〃あの世〃から一時的に現世に戻ってくるという考えも、日本人のあいだではいまも世代を超えて深く浸透している。つまり多くの日本人にとって、〃あの世〃は、〃この世〃とけっして隔絶した世界ではなく、生者と死者の世界の境界はゆるやかである。神の支配の下に、生の領域と死の領域とがはっきりと分けられているユダヤ教やキリスト教の考えかたとは対照的であるとの指摘もある。

また、日本人にとって、〝あの世〟は必ずしも遠い世界ではない。「亡き人が草葉の陰から見守ってくれている」という表現が示すように、日本人はごく身近な〝あの世〟に死者が存在していると考える傾向がある。それゆえ日本では、死者と生者とのつながりが強く、残された者にとって、肉体はなくとも身近な存在として亡き人はありつづけている。

このような〝死者〟や〝あの世〟についての日本人の伝統的な観念は、死別した後の悲嘆にも関係すると考えられる。

先述の波平は、亡き人は無に帰したのではなく、あたかも〝死者〟として存在するかのように考えることで、残された者は死によって断ち切られた亡き人との関係の喪失に耐えることができると述べている。

実際、三十代の娘を亡くした母親は、

「おじいちゃん、おばあちゃんと苦しみのないあちらの世界で穏やかに過ごしていると思えば、私の心も少しはやわらぎます」

と話してくれた。あるいは、冒頭で紹介した男性のように、いずれ〝天国〟や〝あの世〟で亡き人と再会できると信じることができれば、残された者の苦しみはわずかでも軽減されるのかもしれない。

葬儀と骨揚げ

日本を含む先進諸国では近代化、都市化が進むなかで、地域社会の連帯感が希薄になり、葬送儀礼や伝統的慣習はしだいに形骸化しつつある。近ごろでは日本で、葬儀の当日に、初七日の法要をいっしょにおこなうところもある。しかし、葬儀を含む死にかかわる儀礼や慣習は、死者のためだけの行事ではなく、残された者の悲嘆の過程にとって大きな意義をもっていると考えられる。

たとえば、臨終後には、死者にたいし、湯灌《ゆかん》が施される。湯灌とは、遺体を清めることを言い、昔は納棺前の通夜の晩に血縁の濃い近親者によっておこなわれていた。病院で亡くなることが一般的となった現在では、医療関係者や葬儀社によっておこなわれることが多くなっている。一部のホスピス・緩和ケア病棟では、湯灌は死後の入浴ケアと称され、家族との協働でおこなわれている。これに参加した遺族への調査では、入浴という方法が「清められる」「苦しみが洗い流される」という思いと結びつくことや、入浴の時間が故人との思い出や、生と死を考えるきっかけとなったこと、看護師と家族が協働のなかで思いを分かち合うことができたことが報告されている。

また、欧米には類を見ない日本独特の儀礼として〝拾骨儀礼〟、いわゆる〝骨揚《こつあ》げ〟もある。火葬の後、白骨化したその状態を遺族らが眺め、その後、身体の各部分から骨の一部を取って骨壺に入れる儀礼である。

先述の波平恵美子によると、そもそも〝骨揚げ〟とは、かつて土葬の時代に一部の地域でおこなわれていた、死後七年目、あるいは次に亡くなった人を埋葬する折に、直近に埋葬した人の遺体を掘り出して地表に並べ、その白骨化の状況を確認する儀礼のことであったという。波平は、現在まで受け継がれてきたこのような儀礼は、土葬と火葬のちがいはあれ、生前の身体が死後にはその状態がまったく変わることを確認することを重視しており、死を受容するための重要な手段となっていると指摘している。

遺族にとっての葬儀のもつ価値としては、非日常的な一連の儀式を通して、死を現実のものとして受け容れる手助けとなることが挙げられる。波平によると、日本人の死者儀礼の特徴は、遺族が頻繁に遺体と接することにあるという。

遺体に触れた経験のある人であればわかると思うが、遺体にはなんともいえない独特の冷たさがある。その感触は、故人の肉体がすでに死んでいることを強く実感させる。また、葬儀は遺族にとって悲嘆の感情を公にあらわすことが許された社会的な機会であり、日本の場合では、民俗的慣行として葬儀の準備や執行は隣組が担当することで、遺族は悲しみに身を委《ゆだ》ねることができた。さらに葬儀の場に参集した親戚縁者、故人にゆかりのある人びとなどと、故人の思い出や気持ちを共有し、体験を分かち合うことも、遺族の大きな支えになると考えられる。くわえて、少なからずの参集者を見て、「自分はひとりではない」と遺族が実感できる点も葬儀の意義であるとの指摘もある。

法事の効用

葬儀後には、日本では仏教の場合、宗派による差異はあるが、死亡した日から数えて四十九日の満中陰《まんちゅういん》までの七日目ごとの追善供養、その後、百ヵ日、一周忌、三回忌、七回忌、十三回忌といった法事・法要の儀式が喪家や寺院でおこなわれる。そして一般的に、三十三回忌をもって死霊は祖霊となり、〝弔い上げ〟とされる。このような長期にわたる法事・法要が、一般の人のあいだで広くおこなわれている国はほかにはなく、日本独特の宗教文化といえる。

また法事・法要は、体験を共有する機会を提供するだけでなく、一周忌や三回忌など記念日反応が懸念される節目の時期におこなわれ、くわえて長期にわたって実施されるという点で、遺族への有効なケアとしての要素を備えているとも考えられる。

そのほか、故人の月々の命日に僧侶をお迎えしてお勤めをおこなう月参り（月忌《がっき》法要）

という法要も、遺族にとって救いになることがある。
ご主人を一年ほど前に亡くした六十代の女性は、こう話してくれた。

月一回、お命日ってありますよね。お寺さんは、主人の実家との関係が以前からあって、ずっと来てくれているので、お父さんはこんな人でしたとかいろいろ話してくださる。お寺さんがその日に来てくださって、いろいろな話をしてくださるのは支えになっています。

最近では、葬儀無用論が注目を集め、葬儀のありかたが問われている。形式を重んじる儀礼的な葬儀にたいして、心のこもった家庭的な葬儀を求める声が大きくなっている。〝家族葬〟がもてはやされているのもわからないでもない。儀礼や慣習の簡素化は、社会構造の変化にともなう必然的な流れともいえるが、悲嘆の過程は容易に簡略化できるものではなく、伝統的慣習がはたしてきた役割をあらためて見なおす必要があるのではないだろうか。

第五章

あなたが死別したとき 必要なこと、役に立つこと

1　自分がふがいなく思えてもあせらない

まだまだ悲しくて当然

「どれぐらいの時間が経てば、いまの悲しみから抜けだせるのだろうか」

読者のなかには大切な人を失い、いま、まさに深い悲しみのなかで、このように思っているいる人もいるかもしれない。実際、こういった質問を遺族の方から私が直接受けたことも何度となくある。

この問いかけにたいしては、少し心苦しいのだが、

「個人差が大きいのではっきりとは申し上げられない」

というのが私のいつもの答えである。

必要な時間は人によって大きく異なり、数週間という人もいれば、数年かかる人もいる。一般的な傾向として、時間が経つにつれ、少しずつ気持ちに変化は生じていくが、堂々めぐりする気持ち、数年経ってもふと蘇《よみがえ》る思いは、多くの方が経験されている。必要な時

間について個人差が大きいということは、いつまでに乗り越えねばならないというようなタイムリミットもないということである。

自分がふがいなく思えても、あせることなく、気を長くもつことが大切である。「まだまだ悲しくて当然」と思うくらいがよいかもしれない。早く悲しみを乗り越えようと、自分の気持ちを無理に抑えこんでしまうことは、結果的に身体や心に悪い影響を及ぼすことになりかねない。

しかし現実には、早く立ちなおることを期待しているように思える周囲の人の言葉や態度に、プレッシャーを感じている人もいるだろう。「家でくよくよするよりも、外に出てほかのことを考えたほうがいい」と助言する声もあるかもしれない。この言葉は、善意の気持ちから発せられたひと言であるかもしれないが、必ずしも適切とはいえない。悲嘆のプロセスにおいては、自分の気持ちとじっくり向き合う時間も必要なのである。

大切な人が亡くなったのだから、くよくよしてもかまわないし、むしろそれは自然なことである。

外に出てみよう、新たな何かを始めよう、という気持ちが、わずかであっても自然と芽生えたときが、その人にとってそれをおこなう時期なのである。みずからの気持ちを封じてまで、急いでしっかりしなくてもよい。死別の悲しみには時間が必要であるということを、本人もまわりの人も知ることが大切である。

遺品の整理

悲しみへの向き合いかたも人それぞれなので、どのような方法がよいのかを判断するのは簡単ではない。同じような体験をした人の話などを参考にするのもよいが、最終的には自分なりのやりかたやペースでかまわないと私は思う。

たとえば、大切な人が残していった数々の遺品をどう扱えばよいのかという問題は、遺族の集まりなどでも、よく出る話題のひとつである。早々に整理したり、処分したりする方もいるだろうが、なかなかそんな気になれないという方も多いのではないだろうか。人によっては、どうしても捨てられないものもある。

一年半前にご主人を亡くされ、いまは一周忌がすんで少しずつ気持ちが前向きになってきているという四十代の女性は、こう話してくれた。

主人の時計や背広は、息子や会社の人にあげたりしたんだけどね。入院していたときのパジャマなんかいっぱいあって、捨てればいいものをね、なかなか捨てられないんですよね。かえってああいうものが捨てられなくて、なんでかなぁと思うんですけど。

遺品については、なるべく早く片づけたほうがよいとアドバイスされる方もいる。まだそんな気持ちになれない人にとっては、自分が責められているように感じることもあるだろう。

たしかに心にひとつの区切りをつけるのにはよいのかもしれないが、急いで遺品を片づける必要はないのではないだろうか。遺品を整理したからといって気持ちの整理もできるという保証はないし、遺品を処分してしまったがためにさびしさがいっそう募ることもあるかもしれない。自分で片づけようと思える日が来るまで、そのままにしておいてもよいと思う。

遺骨についても同様に、手元にとどめておきたいという方もいるだろう。宗教的な考えかたはいろいろとあるかもしれないが、納骨の時期についても、信頼できる宗教者の意見を踏まえつつも、自分の気持ちと相談しながら決めていくのが望ましいだろう。

死別してまもなくの時期は、頭の中が混乱していて、しばしば物忘れがみられたり、なにかに集中することがむずかしかったりしがちである。論理的な思考が困難で、ふだんどおりの冷静な判断ができない恐れもある。したがって、死別後しばらくの間は、転居や転職、財産の処分など大きな意思決定は、できれば控えたほうが無難である。

そうは言っても実際には、故人との思い出の多い住み慣れた家を離れ、心機一転、自分の過去を知られていない新しい土地で人生の再出発を期する人もいる。それもひとつの生きかたであり、その決断は尊重されるべきである。ただ、そのようななにか大きなことを決める場合には、自分ひとりで急いで決めるのではなく、人に相談しながらじっくりと時間をかけるようにしたほうがよいだろう。

深い悲しみの時期は、故人のいない新たな生活や人生をみずからの足で歩んでいくための準備期間ともいえる。受け容れがたい現実に向き合うためには、それ相応の準備のための時間がなくてはならない。精神的にも身体的にも準備が整うまで、そのときが必ず訪れることを信じて、あせらずに待つのが望ましい。

悲しみきることが大切

大切な人を亡くした後に、さまざまな思いや感情をいだくことはごく自然なことである。そのこと自体によい悪いはない。

気持ちを楽にするひとつの方法は、そのときどきの気持ちを無理に抑えこまずに、ありのままの気持ちを表現することである。まわりの人の目を気にして元気さを無理に装ったり、自分よりも過酷な状況の人と比べて、もっとつらい人がいるのだからと、自分の気持ちにブレーキをかけたりしている人もいるかもしれない。

「泣きたいときには泣いたらいい」と一般的によくいわれるように、悲しみを抑えるのではなく、十分に悲しみを経験し、悲しみきることが大切である。あふれでる感情、流れる涙を抑える必要はない。あなたの悲しみはあなたのものであり、ほかの誰のものでもない。あなたのために泣いてくれる人はいても、あなたの代わりに泣くことはできない。

泣くことに関していえば、その効用が各方面で支持されている。

ひとつは心理的な効果であり、鬱積した感情を解放することによる浄化作用、いわゆるカタルシスである。つらい経験をしたときに、ひとしきり泣くだけ泣いたら、少し気持ちが晴れたという体験をしたことはないだろうか。

また生理学的にも、感情による涙を流した後に、コルチゾールというストレスに関連する副腎皮質ホルモンの血中濃度が低下するとの報告もある。脳内麻薬様物質であるエンドルフィンの増加による鎮静作用や、免疫細胞の活性化による免疫力の向上もみられるという。さらに対人的な影響として、人前で涙を流すことで、自分の精神状態やサポートが必要なことをほかの人に伝え、共感やサポートを得ることができるとも指摘されている。このように、泣くことはけっして忌避すべき行動ではなく、むしろ積極的に推奨されるべき行動なのである。

気持ちをコントロールするのもよいけれど

〝Give sorrow words（悲しみに言葉を与えよ）〟という言葉がある。これはシェイクスピアの四大悲劇のひとつである『マクベス』のなかで、妻子を殺害された貴族マクダフに向けて発せられた王子マルコムの台詞《せりふ》である。この言葉の後には、「捌《は》け口を鎖《とざ》された悲しみが、うちに溢れれば、ついには胸も張裂けよう」と続く。

どうにもならない気持ちを無理に抑えこむことは、精神面ばかりでなく、身体にも悪い影響を及ぼしかねない。死別による悲嘆の場合、経験される感情は、悲しみだけではない。そこには、さまざまな感情がある。怒りもあれば罪悪感もある。

たとえば、怒りの感情を心のなかにずっと閉じこめておくと、身体の免疫系の活動に影響を与え、その結果として心臓病の危険性を高めるといわれている。怒りをもちつづけることも、自律神経系に影響し、副交感神経系機能が低下することで、心臓病につながる危険性が指摘されている。

とはいえ、自分の気持ちを人前で表現することに抵抗を感じる人は多い。とくに年配の男性には、「人前で泣くべきではない」と考える人も少なくない。

もちろん、その人なりの表現のしかたがあるので、人前では気持ちを見せず、ひとりで涙を流すのも悪くはない。ただ、信頼できる人に自分の気持ちを聴いてもらうことで、気持ちを少し整理できることもある。人に語ることの価値は、相手になんらかの反応を期待するというよりは、みずからの気持ちにたいして距離をとって見つめなおせることにある。

一方で、亡くなった人のことを話せば、ふたをしていた思いが噴き出し、一時的に、より悲しみが深くなることもある。それゆえ、語ることを避ける人もいるだろう。けっして強制されるべきものではないが、語ることを通して得られる気づきはたしかにあるように思う。

書いてみる

ありのままに気持ちや感情を表現することが大切だといわれても、人前でとなると、なかなか気が進まないかもしれない。親しい人であっても、プライベートな話はしたくないという人も多いだろう。

気持ちを話すためには、よき聞き手の存在が欠かせない。誰かに話を聴いてもらいたいと思っても、適当な相手が思い当たらない場合もあるし、かりに勇気を出して話したとしても相手の反応が期待どおりでない場合もある。

そこで、気持ちを表現する別の方法として、文字で書いてみるのもよいだろう。実際、亡き人との思い出をノートに書き留めたり、日記をつけたりする人もいる。

私が面接調査で出会った七十代の女性は、「このことは誰にも話したことなかったんだけど」と前置きした後で、次のような話を私にしてくれた。

ずっと前から日記はつけていたんですが、主人が亡くなって半年くらい経ったころから、その日にあったことやできたこととか、主人について人から聞いた話とか、主人用のノートを作って、全部書いています。それをしていると、生きていたときにはあまり話をしなかったのに、主人となんとなく話ができたような気がして、主人に話しかけたりしながら、ああだこうだ自由に書いています。下手な字で、悪いことも書いたりしてね。なにか慰められるものがあって、いいんじゃないかと思っています。

自分の気持ちを書くという作業は、自分の気持ちと向き合い、対話する地道なプロセスである。みずからの思いを表現するとき、文字で〝書くこと〟は、表情や声に気持ちをこめることのできる〝話すこと〟よりもむずかしいかもしれない。一方で、話すよりも、ゆっくりと自分のペースで気持ちと対話できることが、書くことの利点といえる。自分の気持ちに向き合い、表現しにくい渾然《こんぜん》一体となった思いをあえて言葉というかたちで表現しようとする努力を通して、自分の気持ちを少しずつ整理することができるのである。

とらわれていた感情から解放され、ほかの感情に気づいたり、新たな気持ちが芽生えたりすることもあるだろう。一九八〇年代後半から盛んにおこなわれてきた筆記の効果に関する心理学的な研究でも、みずからのつらい体験を書くことによって、うつ症状の軽減や、免疫機能の改善など心身両面での効果が認められたと報告されている。

亡くなった方への手紙

話をすることと同様、なにも無理をすることはない。書くのが苦手という人が強迫的に書く必要はないし、誰かに書かされるべきものでもない。死別から日が浅く、まだ頭の中がごちゃごちゃで「なにも手につかない」という時期に、頑張って書くと逆にしんどくなることもあるかもしれない。自分の気持ちのペースに合わせて、少し余裕ができたときに試してみるというくらいでかまわない。

どんなことを書くのかという内容に関しても、とくにルールがあるわけではなく、自由である。人に見せないことにすれば、きれいな文章を書く必要はないので、思いつくままに書いて支離滅裂な内容であってもいっこうにかまわない。長い文章を書こうとするとたいへんなので、ひと言ふた言でもいまの気持ちを書いて表現するところから始めてみてもよいだろう。

遺族の手によって書かれたものとして、亡き人の闘病生活や当時のみずからの思いなどを綴った〝闘病記〟がある。闘病記は必ずしも遺族によるものだけではなく、病気から回復した患者本人や家族によるものも多い。自分史ブームや自費出版市場の拡大もあって、近年、数多く出版されている。

そのような闘病記に関する研究をおこなっている社会学者の門林道子は、遺族が書いた闘病記の〝あとがき〟に注目している。そこには、書くことの意義を示唆するような、「書いてすっきりした」「書くことで癒されるような気がした」との表現が多くみられるという。

亡くなった方への手紙というかたちで書いてみるのも、ひとつの方法である。「ありがとう」という感謝の気持ち、「ごめんなさい」という謝罪の気持ち、そして「さようなら」という別れの言葉を、亡き人にしっかりと伝える。生前には伝えきれなかった思いもきっとあることだろう。よかったことも悪かったことも含めて、故人との思い出をふりかえってみる。故人からの返信のメッセージを想像して書き留めてみるのもよいだろう。

手紙を書くことを通して、故人にたいするもろもろの感情をときほぐし、気持ちを整理することができるかもしれない。おそらく人によってはつらい作業であろうが、気持ちのひとつの節目にはなるように思う。

話したり、書いたりする以外にも、詩を作ったり、絵画を制作したりすることなども気持ちを表現する有効な手段である。私がこれまで出会った遺族のなかにも、俳句や短歌、川柳を詠まれていた方は少なくない。日本では古来より、亡くなった人の死を悼む挽歌《ばんか》が詠まれており、日本最古の和歌集とされる万葉集にも多くの挽歌が収録されている。表現のしかたはなんであってもいい。表現すること自体、つまり自分の気持ちと対話することにこそ意味がある。

助けの手を受け容れてみる

「自分自身の気持ちの問題だから」

「まわりの人に迷惑をかけたくない」

と、自分の力でなんとか頑張っていこうと思っている人もいるかもしれない。

そのような考えかた自体はもちろん否定されるものではなく、むしろその気持ちは大切にされるべきであると思う。ただ、死別した場合にかぎらず、ひとりでなんでもやろうとしたり、人の世話にはならないと頑張りすぎたりしてしまうと、しだいにしんどくなってくることもある。あるいはまわりからの助けの手を拒みつづけると、周囲の人から孤立することもないわけではない。

あまり頑張りすぎないで、身近な人から助けの手が差し出されたときに、それに甘えて受け容れてみることもまたよいのではないだろうか。人によっては、少し勇気のいることだろうが、思っていた以上にあなたの力になってくれることもあるかもしれない。

ときには、積極的に自分から信頼できるまわりの人に、みずから頼ってみることもよいだろう。一般的には女性のほうが頼り上手で、男性のほうが苦手な人は多いといわれる。私がこれまでにお会いした遺族の方々を思い浮かべても、年配の男性ほど頼り下手な印象がある。ただ、男女差以上に、個人差が大きいようにも思われる。

死別を経験して悲しみに暮れている人の友人や知人をはじめ、そのような遺族を取りまく人たちから私は相談を受けることがある。大学に勤務しているので、学生から相談を受けることもある。彼らの多くは、同じような悩みを訴える。表現は人によってちがうが、おおむね次のような悩みである。

私の親しい人が身近な人を失って、いま、とてもつらい思いをしているんです。私はその人のために、なにかをしてあげたいと思っています。だけども、どうしていいかわかりません。なにもできないでいる自分がつらいんです。

まわりの人たちは、心のなかではなにか力になりたいと思ってはいても、どうしてよいのかわからずにいることがある。そんな人が、もしかしたら、みなさんのそばにもいるかもしれない。もし彼らを必要とするのであれば、もっと頼ってみてはどうだろうか。そうすれば、彼らはそれに応えて、きっと大きな力になってくれることだろう。

心配や迷惑をかけまいと沈黙することが、相手のためになるとはかぎらない。助けを受けることで、相手にたいして申しわけなさや、後ろめたさを感じることもあるかもしれないが、いまは頼れるだけ頼って、その恩はいずれ返せばいいのではないだろうか。

なお、ここでは助けの手を受け容れてみてはどうかと述べたが、助けの手にもいろいろあり、たとえば宗教の勧誘など、ときに注意が必要な場合もある。

遺族にかぎらず、悲しみや苦しみのなかにある人たちにとって、宗教が救いになることがあるという事実は否定しない。しかし、心の弱みにつけこんで宗教活動に勧誘し、多額のお金を要求するような宗教団体も存在しているようである。最初の段階で気づくのはむずかしいかもしれないが、無批判的にのめりこんでしまうことは避けたいところである。判断能力が低下している時期でもあるので、自分だけの判断ではなく、ほかの人の意見も参考にすることが大切であろう。

2　悲しむためにも健やかに

自分をあまり責めない

亡き人と話ができないいまとなっては、後悔や心残りの思いは募るばかりで、罪の意識に悩まされて、つらい日々を過ごすことにもなりかねない。「私はダメな人間だ」とさえ思えてきて、自分のなにもかもを否定的にとらえるようになり、自己嫌悪に陥ってしまうこともある。深刻な場合には、自分の存在自体が許せず、自殺まで考える人もいる。

意識しなくても、当時のことを知らず知らずのうちに思い返してしまう。自分を責める気持ちを、自分でもコントロールすることができないがゆえに、苦しいのである。

もし自分を責める気持ちがあるのなら、その原因になっている事柄について、少し心を落ち着けてふりかえってみてもらいたい。当時おこなった選択や行動は、そのときの状況やおかれた立場においては、最善の、あるいはやむをえない選択や行動ではなかっただろうか。少なくともそこに悪意はなかったはずである。

もし、亡き人にたいして実際に〝よくないこと〟をしてしまっていたとしても、その一方で亡き人のために〝よいこと〟もきっとたくさんしてあげたのではないだろうか。私たちはふだんの生活において、身近な人を喜ばせることがあれば、怒らせたり、悲しませたりすることもある。相手にとってよかれと思って取った行動が、悪い結果になってしまうことだって現実にはよくある。いつも完璧な判断や行動ができる人なんていない。

あなたが亡き人のためにできたこと、頑張ったことを、もっと意識する必要がある。悪かったと思うことは否応なしに頭に浮かぶ一方で、あなたのよかった面はついつい見過ごされがちである。

自分を責める気持ちに自分なりに折り合いをつけるためには、ある程度の時間も必要である。しかしそれでも、自分を責める気持ちは完全に消えることはないかもしれない。ただ、時間が経つにつれ、過去を冷静にふりかえられるようになることで、圧倒されるほどの強い自責の念からは解放されるであろう。

〝すべき思考〟に陥らない

必ずしも死別した人にかぎった話ではないが、誰もが陥りがちな誤った考えかたのパターンに、〝すべき思考〟がある。これは、「〜しなければならない」「〜すべきではない」

と考える思考パターンのことであり、うつ傾向の人に多いといわれる。

このような考えをもつと、その基準に合わせようとして自分を追いつめることになり、できない自分に嫌悪感をいだくことにもなる。現実に、いまの自分にたいしてふがいなく思い、自分を責めてしまっている人は少なくない。

たとえば、伴侶を失い、まだまだ手のかかる幼い子どもがいる場合には、「子どものためにも自分がしっかりしなければならない」と誰しも思う。けれども、悲しみはまだまだ深く、子どものことまでなかなか気が回らず、子どもにたいしても申しわけなく思う。自分は親として失格ではないのかとさえ思ってしまうこともある。「しっかりしなければ」と頭では思っていても、気持ちがついていかない。しかし、この時期には、子どもの要求に応えられなかったとしても、それはしかたのないことである。けっして悪い親ではない。

考えかたや物事のとらえかたを変えることで、気持ちが少し楽になるかもしれない。トーマス・バーゲンソールは、第二次世界大戦中、十歳でアウシュビッツ強制収容所に送られるが、奇跡的に解放される。その後、渡米して国際法の専門家として活躍し、国際司法裁判所の判事まで務めた彼は、七十歳を越えてみずからの体験を回想録としてまとめている（『幸せな子　アウシュビッツを一人で生き抜いた少年』朝日新聞出版）。そのなかで、彼は収容所から解放されてからの六十年のあいだ、「どうして他の人は死んだのに、自分は生き残ることができたのだろう」としばしば考えたとふりかえっている。しかし、自分だけが生き残ったことに苦しむということはなかったとはっきりと記している。

その理由として、彼はこう述べている。

自分が生き残ったのはまったくの幸運だったと思っているので、生き残るか生き残らないかは、自分にはどうしようもない運のゲームであり、だから、その結果の責任は自分にあるわけではないと考えるようになったからかもしれない。そう考える以外に、ジフテリアで死んだ友達と同じベッドで寝ていたのに、どうしてあの伝染力の強い病気にかからずにすんだ理由を説明できるだろうか。

もちろん誰もが彼のように考えられるわけではないだろうが、自分を責める理由を一つひとつ冷静に見なおしていくことで、いままでとはちがう新たな考えかたや見かたをもつことができるようになるかもしれない。

死別という体験について知る

死別体験はけっして一部の人のみが経験するわけではないが、身近な家族との死別はそう何度も経験するものではない。たとえば夫や妻との死別は、人生で一回あるかないかの体験である。あるいは幼な子の死も、乳幼児死亡率が高かった時代は不幸にして一度ならず経験した人はいるだろうが、現在の日本ではそのような人は少ない。つまり、ほとんどの日本人にとって、配偶者との死別や、幼な子との死別は初めての体験なのである。また現代社会のなかで、死別という体験についてじっくりと学ぶ機会もほとんどない。

　死別にかぎらず、初めての体験、未知の体験というものには不安がつきものである。自分がいままさに体験していることが、ふつうのことなのか、それともふつうでないのか。自分はこれからどうなってしまうのか。いったいなにをすればよいのか。そのような思いを大なり小なりもっている人は少なくないのではないだろうか。

　そこで、自分が経験している死別という体験について〝知る〟ということが重要である。

　ずいぶん前の話になるが、私が大学院を修了してまもなくのころ、ホスピスで家族を看取った遺族を対象に小さな講演をおこなう機会が与えられた。時間は一時間弱ほどで、不《ふ》遜《そん》にも遺族の方々を前にして、悲嘆とはなにかとか、有効な対処方法などについて話をさせていただいた。そして、あとの質疑応答の時間になって、ある年配の女性が、次のような趣旨の発言をした。

私は、夫を亡くした後、この数年、ずっと〝イライラ〟した思いをかかえてきました。自分でもなんでなんだろうと思っていました。今日のお話を聞いて、はじめてこれが〝悲嘆〟というものなんだということがわかって、すっきりしました。ありがとうございました。

死別した直後はむずかしいかもしれないが、この女性のように、大切な人を亡くした後に一般的にどのような心や身体の状態を体験するのか、いわゆる悲嘆の症状を知ることで、「自分だけがこのような体験をしているのではない」「いまの状態はけっして異常ではない」と認識し、少し安心できる部分もあるだろう。なお、このときの私の経験は、生まれて初めての講演だったということだけでなく、大学での学びが直接的に遺族のお役に立ったということで、とても印象に残っている。

知っていれば、心づもりや適切な対応ができることもある。たとえば、先に紹介した記念日反応、すなわち命日や故人との特別な日が近づくと、急に落ちこむ可能性があるということはよく知られている。記念日反応への対応として、その時期にひとりで一日を過ごすことは避け、気のおけない友人と「ショッピングに出かける」「いっしょに温泉に行く」など、なんらかの予定を立ててみてはどうだろうか。

「家に招いて食事をする」ということでもかまわない。あらかじめ心づもりをして、楽しい予定を立てておくことで、記念日反応によって大きく落ちこむことは避けられるかもしれない。

本を読んでみる

死別という体験を知るための方法としては、ほかの遺族の話を聞いたり、本を読んだりすることが考えられる。

本書でもいくつか紹介しているように、著名人による死別体験記や、さまざまな死別の体験をまとめた本なども最近では多く出版されている。本書は体験記ではないが、死別という体験を多くの人に知ってもらいたいとの思いで、執筆している。

もちろん、とても本を読む気になれないという時期に、無理をしてまで読む必要はない。気が向いたときでかまわないので、自分と同じような体験をした人の話を聞いたり、読んだりしてみるのもよいだろう。

ただし、あらためて強調するが、死別体験というのはきわめて個人的な体験である。それゆえ話を聞いたり、本を読んだりしたときに、自身の体験と照らし合わせてみて、納得できる部分と、そうでない部分がきっとあることだろう。人それぞれ体験がちがうのだから、それはあって当然なのである。得られた情報や知識にこだわりすぎず、それらのなかから、自分にとって参考になるものを選び取っていくのがよいだろう。

最愛の妻をがんで亡くした気象エッセイストの倉嶋厚は、『やまない雨はない』(文藝春秋)と題する本を著し、自殺未遂にいたるほどの心境を綴っている。倉嶋がそうであったように、まだまだざあざあ降りの雨のなかで、じっと耐えている人も少なくないだろう。しかし、いつか厚い雲の間から光が差しこんでくる日が来る。

いまの苦しみは永遠に続くものではない。そのことを悲しみの深淵に沈んでいる多くの人に知ってもらいたいと思う。

身体を休める

大切な人を亡くした後は、看病疲れや心労のために体調を崩しがちである。身体を守る免疫の働きが低下しがちなので、病気にかかったり、持病が悪化したりすることもしばしばある。身体と心は表裏一体で、お互いに関連しているので、いくら気持ちで頑張ろうと思っても、身体の調子が悪ければ、なかなか気力もわいてこないものである。

〝こころのケア〟という言葉をしばしば耳にするが、それと同時に〝身体のケア〟も必要である。気分が落ちこみ、気持ちを切り替えようと思ってもなかなかうまくいかないとき、まずは身体面のケアを意識してみるのもよいだろう。身体の調子を取り戻すことが、気持ちを整理する近道になるかもしれない。

たとえば、死別後には夜なかなか寝付けないことも多いが、ともかく横になって身体をゆっくり休めることが大切である。「早く眠らないといけない」とあせればあせるほど、目がさえてしまう。そんなときは夜に寝ることにこだわらずに、昼寝をするのもひとつの方法だろう。どうしても不眠がひどいようなら、病院で睡眠薬を処方してもらうことを考えてみてもよいかもしれない。

また、身体を休めるには、入浴もよい。ぬるめのお湯にゆっくりと入ることで、副交感神経が刺激され、身体を緊張からときほぐし、疲れを癒す効果が期待される。

わかってはいてもなかなかむずかしいという場合もあるが、十分な休息を意識的にとるよう心がけ、みずからの身体をいたわることが、これからを生きる力になるはずである。つらい気持ちを紛らわそうと身体を酷使することは、逆効果になりかねない。

故人亡き後、体調の悪化とともに、生活のリズムも乱れがちである。自分なりの〝生活のリズム〟を取り戻すことは、身体のためには重要である。

私たちは、身体に組みこまれている体内時計にしたがって、身体の各機能が規則正しく働き、身体全体の円滑な機能を維持している。生活のリズムの乱れは、こうした生体リズムを狂わせ、それが疾病につながる可能性がある。生体リズムを整えるためにも、できるかぎり生活の立てなおしをはかる必要がある。そうすることで、精神面においても余計なストレスを減らすことができ、安心して毎日を過ごすことができるようになるだろう。

ただし、あせることはない。場合によってはまわりの人の助けも得ながら、自分のペースで、日常のリズムを少しずつ取り戻してもらいたいと思う。

悲しむにも、体力がいる

大切な人を亡くすと、食欲がなくなり、食事の時間も不規則になりがちだが、身体のためには栄養のある食事を規則正しくとることが重要である。たとえば夫婦二人の生活から、家にひとりの生活になってしまうと、どうしても生活のリズムが狂って、食事を抜いたり、インスタント食品ばかり食べたりと食生活が悪化する傾向にある。とくに男性で調理の経験が乏しい人のなかには、好きな物ばかりを食べ、栄養が偏《かたよ》りがちになる人もいる。

女性の場合でも、自炊が減り、栄養のバランスを考えない人は少なくない。実際、「食べてもらえる相手（夫）がいないと、料理をつくる気になれない」という女性の声はしばしば聞かれる。男女を問わず、身体のために食事や栄養を気にかけることが大切である。しっかりと食べることは、心の回復にもとても重要なことである。

真宗大谷派僧侶であり、臨床スピリチュアルケアカウンセラーとして病院で勤務している瀬良信勝は、遺族の集まりでの次のような参加者同士のやりとりを紹介している。

お子さんを亡くしたある方が「子どもを亡くしてつらいのに、私は毎日、食べられるんです。そうして食べられる私を、私は許せないんです。そしてこんなにつらいのに、眠れるんです」と訴えました。この言葉を聞いて、他の参加者が、こういうふうに答えたのです。「ねえ、悲しむにも、体力がいるのよ。食べて寝なければ、思いきり悲しむことができないの。悲しめない、泣けないというのは本当に苦しいよ」。

身体の調子が悪くなければ、少し身体を動かしてみるのもよい。定期的に身体を動かすことで、血行がよくなり、身体の緊張がほぐれ、心も解放される。不眠が解消したり、食欲が増進したりする効果も期待できる。簡単な体操や散歩など、まずは無理のない範囲でおこなうのが望ましいだろう。

ちなみに散歩とは、どこに行くというのではなくて、ただ歩くことであり、ある目的があってそこまで歩くのは散歩とはいわないという。あてもなく歩いて、ぼんやりと時を過ごすことで、傷ついた心にもしばしの休息を与えることができるかもしれない。

よかったと思えることを探してみる

「よかったことを探す」という表現は、人によっては不快に感じられるかもしれない。「死別の体験でよかったことなんかあるはずがない」「つらいことばかりだ」といったお叱りはもっともである。しかし、死別にかぎらず、つらい体験であっても、そのなかに〝救い〟と思えることが見いだせることがある。

ホスピスで亡くなった患者の遺族を対象に、「死別後になにがあなたの助けになりましたか？」と尋ねた調査がある。その結果を見ると、家族や友人の支えといったまわりの人からのサポートも多く回答されたが、それ以上に、「安らかな最期を迎えることができたこと」や「自分が最期までできるかぎりのお世話をできたこと」という声が多く寄せられた。

逆に、突然に家族を失った人のなかには、「苦しまなかったのがせめてもの救い」だと話す人もいる。ほかにも、五十代の女性は、「主人が亡くなったことはつらかったけど、その後にまわりの友だちが私のことをほんとうに心配してくれた。自分をこんなに思ってくれる人がいるということを知ることができた。それがほんとうに嬉しかった」と話してくれた。

また、私の心に強く残っているのは、遺族の集まりに参加した六十代の女性の言葉である。

彼女は、夫との死別から半年ほどしか経っていなかったが、同席したほかの遺族を前に、

「主人を亡くすというのはたしかにつらい体験であったけれども、この体験を私がしたことはよかったと思う」

と言われた。

その場にいた私は、とっさに意味がわからず、その真意を尋ねた。すると彼女は、

「配偶者を亡くすことがこんなにもつらいということを、経験して初めて知った。これは私の主人では耐えられない。主人にこの思いをさせるぐらいなら、私が経験したほうがよかった」

と悲しみを堪《こら》えながら、まるで自分に言い聞かせるかのように話してくれた。私はその言葉の重みに一瞬言葉を失ったが、遺族のなかには深くうなずいている人もいた。

心理学者のスーザン・フォルクマンは喜びや満足感などの肯定的感情は、不快な状態が終わることで生じる安堵感のような、たんなる相殺的な感情として経験される一方で、不快な状態のさなかにも経験されると述べている。すなわち、死別体験というつらい体験のなかであっても、人は肯定的な感情をもちうるという。くわえて、そのような肯定的感情

は、不快な心理状態に小休止を与え、対処努力が維持されると指摘している。

つまり、肯定的な感情によって、否定的な感情が打ち消されるわけではないが、気持ちが少し軽くなることはある。そして、このような肯定的な感情は、死別という体験に向き合っていくうえでの原動力になるというのである。

『少女パレアナ』

よかったことを探すといえば、小説『少女パレアナ』が思い浮かぶ。アメリカの女流作家エレナ・ポーターが一九一三年に発表した小説『少女パレアナ』は、アメリカ全土で熱狂的な人気を博し、あらゆる物に「パレアナ」という名前がつけられたという。日本では村岡花子の翻訳で知られ各社から出版、一九八六年にはテレビアニメ化（『愛少女ポリアンナ物語』）されている。

主人公の十一歳の少女パレアナは、愛する両親を亡くして孤児となり、気むずかしい叔母のもとで不遇の生活をおくることになる。しかしパレアナは、牧師であった父に教えられたという、どんなにつらい境遇でも、そこからなにかよかったと思えることを探し出す〝なんでも喜ぶ〟ゲームによってみずからの苦境を乗り越え、やがて彼女の明るさや素直さは叔母の頑《かたく》なな心を溶かし、温かな人の輪を作っていった。

パレアナは物語のなかで、こんな言葉を発している。

なにかしら喜ぶことを自分のまわりから見つけるようにするのよ。だれでも本気になってさがせばきっと自分のまわりには、喜べることがあるものよ。

大切な人の死というつらい現実を前にしても、自分なりによかったと思えることがなにかしら見いだせれば、心が少しは軽くなるかもしれない。すぐには考えられなくても、少し時間をおいて、あるいはある程度気持ちの整理がついていくなかで、ゆっくり考えてみるとちがった面が見えてくるということがある。

もちろんそれぞれの体験はちがうので、「よかったことはひとつもない」という人もいるだろう。急ぐ必要はまったくないし、無理して考える必要もないが、過去や現在を思いかえしてみて、この点はよかった、せめてもの救いであったと思えることを探してみるのもよいかもしれない。

3　一歩を踏み出すとき

楽しみをもつ

大切な人を失うと、趣味や習いごとなど以前は楽しんでいた活動を楽しむことができない、故人なしではなにも楽しめないという思いがしばらく続くかもしれない。とくに、亡き人と共通の楽しみをもっていた場合、その思いは強くなりがちである。

「自分はなにも楽しんではいけない」「元気になったら申しわけない」という思いをかかえている人もいるだろう。死を嘆き悲しみ、もがき苦しむことが、亡き人にたいする愛情の証《あかし》であると思い、楽しみをもつことに罪悪感や後ろめたさをいだいてしまうのである。

まわりの人からは「故人はそんなことを望んでいないよ」と言われるが、頭ではわかっていても、そう思ってしまう自分がいる。あるいは周囲の人たちの目を気にして、楽しみを見いだす活動に積極的になれない人もいる。実際、家族が死んだばかりなのに笑って話していているとか、楽しそうにしていると非難の目を向ける無理解な人もいないわけではない。

なかなかその気にはならないかもしれないが、一日わずかな時間でも、自分の好きなことをする時間を作ってみるのもよいだろう。

好きな音楽を聴く、ガーデニングをする、ショッピングを楽しむ、おいしいものを食べに行くなど、なんでもかまわないので自分が気軽に楽しめることをやってみる。もちろん体調の悪いときに無理をする必要はないが、少なくとも楽しい時間をもつことは悪いことではないと思ってもらえればと思う。

一年四ヵ月前にご主人を亡くした五十代の女性は、次のように話す。

家で考えている時間が多いと、やっぱりさびしくなりますので、いまはなるべくお稽古に出るようにしています。パン作りや毛糸編みなど、いままでできなかったことも勉強しようかなと思っています。友だちといっしょにいて、ひとりになる時間を少なくしています。その間だけでも忘れられますのでね。でも、立ちなおるにはまだちょっと時間がいるかな。

少し気持ちに余裕がでてくれば、この女性のように趣味や習いごとを再開したり、あるいは新たに始めたりするのもよいかもしれない。たとえわずかな時間であったとしても、悲しみから離れる時間をもつことが大切である。楽しみをもつことは、深い悲しみから一歩抜け出す糸口にきっとなるだろう。

楽しみのひとつとして、外に出て自然に触れることもおすすめである。大切な人を亡くした後、自然に触れることで癒されたという話を聞くことがある。大自然のなかに身をおくことで、生と死、いのちにたいする新たな気づきを得られることもある。

私がお会いした方のなかで、ご主人を亡くした六十代の女性は、孫と娘といっしょにオーロラを見に行ってきたという。そして、その旅のことを思い出しながら、

「大自然のなかにいたらね、目先のことでそんなくよくよすることないんですよ」

と、なにか吹っきれたような表情で話してくれた。

先に紹介した俳優の仲代達矢も、

「イースター島の山から海を見ていると、人間の生き死にってじつに小さなものだな、と自分ながらに思ったんです。そこで少し立ちなおった。それが三年目ぐらいですね」

と述べている。

もちろんわざわざ遠方まで出かけなくても、身近なところでも自然に触れることはできる。近所を散歩したり、ガーデニングを楽しんだりすることでも、自然を感じることは十分に可能である。

自然に触れることは、自分のペースで、ひとりでもできるところがいい。人付き合いのわずらわしさもない。体調がよく、天気もよい日に、自然を求めて少し出かけてみるのもよいかもしれない。

レジリエンス

亡き人のいない人生になんの意味も見いだせなくなった人もいるかもしれない。なにを目的に生きていけばよいのかわからないという人も少なくないだろう。

一年半ほど前に奥様を亡くし、二人の子どもも独立してひとり暮らしの六十代の男性は、「今後の人生に希望や目的があれば、毎日が楽しいのでしょうが、いまは、なにもなくて毎日がむなしいです。なにか物足りない毎日です」

と暗い表情で話された。

このようなとき、大きな目標を立てることも悪くはないが、まずは身近なところで、すぐにでもできるような小さな目標を立てることから始めてみてはどうだろうか。小さな目標や課題を一つひとつ達成していくなかで、自信を取り戻し、生活や人生に向き合っていけるようになるかもしれない。いつかやってみたいと思いつつ、しないままになっていたことに挑戦してみるのもよいだろう。

心理学の分野で、〝レジリエンス〟という考えかたが最近注目されている。この言葉は、本来、〝弾力〟や〝反発力〟を意味する物理学用語であるが、心理学的な用語としては、〝回復力〟〝復元力〟などと訳されている。日本には〝柳に雪折れなし〟ということわざがあるが、柳の木のごとく、困難にたいして柔軟に対応する心のしなやかな強さというイメージである。このようなレジリエンスに関係する心理特性として、さまざまなことに好奇心をもち、未来を肯定的にとらえられることが挙げられている。

年齢を問わず、新たなことに関心をもち、将来に希望をもちつづけることのできる人は、死別という人生の危機にたいしても、しなやかに受けとめ、新たな歩みを始めることができるのかもしれない。〝命のあるかぎり、希望がある〟という言葉があるが、希望は生きる力になる。

希望学を提唱する東京大学社会科学研究所教授の玄田有史は、希望は「未来の幸福を保証するものではないが、未来に突き進むために必要な原動力」であり、「不安な未来に対峙《たいじ》するために必要とされる物語」であると述べている。これからの人生にどのような希望を描くかは、その人しだいである。かりに現実的にはかなわない可能性が高い希望であったとしても、希望をもつこと自体が大切である。人生に希望があると思えることで、前に進むことができるのかもしれない。

笑ってみよう

まだまだ深い悲しみのなかにある遺族にとっては、自分と同じような体験をしながら、立ちなおった人の姿を見ることが希望になる。九・一一米国同時多発テロ事件で三十八歳の夫を亡くしたマーフィー昌子は、日本での講演に招かれ、みずからの体験を切々と語った。その話のなかで、死別後に助けになったこととして、六年前に同じようにテロ事件で家族を亡くした被害者遺族の方との出会いを挙げていた。自分と同じような経験をした人が元気を取り戻し、いま、目の前で明るくふるまっている姿を見て、「自分もいつかは元気になれるんだ」という希望が見えたという。

笑いやユーモアが、希望をもたらすこともある。アレン・クラインは、著書『笑いの治癒力Ⅱ』（創元社）のなかで、ユーモアがあっても悲しみが消えるわけではないが、ほんの一瞬の笑いが重要であるとし、次のように述べている。

たとえつかの間のユーモアでも人に希望をもたらすということだ。どんなに大きなものを失ったとしても、すべてを失ったわけではない。私たちは明日も生きていけるし、事実生きていくのだということをユーモアは力強く語りかけてくれるのだ。

また、クラインは、「悲しみを否定するのは健康によくないが、浸りきっているのもまたよくない。一方、快い笑いとユーモアは、悲しみの日々に必要な、心のバランスを保たせてくれる」とも述べている。

最愛の妻を亡くし、いまはひとり暮らしのある男性のひと言が思い出される。彼は私がお手伝いしている遺族の会に参加したのだが、その帰りがけにぼそっとつぶやいた。

「今日は人の話が聞けて、自分も話せて、笑えたのがよかった。そういえば、この前、笑ったのっていつだったかな」

彼は、ただその場が楽しかったというだけでなく、つらい日々を過ごしてきたなかで、ふたたび笑えた自分に希望を見いだすことができたのではないだろうか。彼の悲しみはまだ続くであろうが、笑えたことはこれからを生きることへの自信にきっとつながることだろう。

同じような体験をした人と体験を分かち合う

「自分と同じような体験をした人はいったいどうしているんだろう？」

同じような体験をした人の話を聞いてみたいという思いは、多くの遺族に共通した思いである。とくに子どもを亡くした場合や、家族が自死した場合など、身近に同じような体験をした人がいないことが多く、その思いは強いように思われる。また身近に体験者がいたとしても、近しい関係の人とは逆に個人的な事柄は話しにくいという場合もあるだろう。

死別という体験は、たしかに一人ひとり異なる個別性の高い体験である。だがその一方で、同じような体験をした者同士だからこそ深くわかり合えるという面があることも紛れもない事実である。

お互いに体験や気持ちを語り、それぞれの体験を分かち合うことを通して、勇気づけられたり、生きる力やヒントを得られたりすることができる。このような機会を提供する場として、前述した〝セルフヘルプ・グループ〟や〝サポートグループ〟と呼ばれる活動がある。

あるホスピスで実施されている遺族のサポートグループに初めて参加した六十代の男性は、次のような感想を述べている。

妻を亡くした後、いまの悲しみにどのように取り組んだらいいのかと思ったり、これからずっと同じような心の痛みをもちつづけていくのだろうかと不安になったりしていました。でも、参加者の方々のお話をきいて、自分だけがこんなに悲しいのではないのだと思いました。

ほかの遺族と体験を分かち合うことを通して、「私だけではない」ということを、実感として知ることができる。そのことを知るだけでも意味がある。これこそが体験を分かち合うことのもっとも大切な要素と言っても過言ではない。同様の体験で苦しむ仲間との出会いは、これまでひとりで悶々と苦しんできた遺族にとっては、とても心強く、孤独感をやわらげてくれる。

〝傷の舐めあい〟ではない

同じように苦しんでいる人に接して、なにか安心感のようなものを感じ、誰にも話せず、ずっと胸の奥にしまいこんできた苦しみをさらけ出すことができる人もいる。龍谷大学短期大学部准教授の黒川雅代子は、自身が長年携《たずさ》わっている遺族のセルフヘルプ・グループに参加した、子どもを亡くした母親の語りを紹介している。

亡くした悲しみっていう点では、同じ場所に立てているっていうことは、安心感、気持ちが緊張してなくて緩みますよね。ここなら「大丈夫かな」みたいな感じで。ここなら私が、息子が死んだっていうことを公に言えるし、みなさんが「黙って受け止めてくださるかな」っていう感じはありますよね。

このような遺族の集まりにたいして、〝傷の舐《な》めあい〟というイメージをもっている人もいるかもしれない。たしかにつらい話に参加者が涙しあうという光景はしばしばみられる。言葉に窮し、涙がとまらなくなる人も稀《まれ》ではない。しかし、それは悲嘆のプロセスの大切なステップであり、けっして後ろ向きというわけではない。また、集まりのなかで話される内容は、過去のことばかりではなく、いま現在やこれからの生活や人生の話題に及ぶことが多い。

海外には「分かち合えば喜びは二倍になり、悲しみは半分になる」ということわざがあるという。悲しみが半分になるとまではいえないが、このことわざが示すとおり、セルフヘルプ・グループやサポートグループには、体験を分かち合うことの比類なき力がたしかにある。

相談機関を利用してみる

死別という体験は、プライベートな体験であるので、友人や知人などいくら親しい人であったとしても、ありのままを話しにくい場合がある。身近な人だからこそ、話すことをためらう事柄もあるかもしれない。

そんなときには、精神科医や臨床心理士など、いわゆる〝こころのケア〟の専門家に頼ってみるのもひとつの手である。彼らには守秘義務があるので、打ち明けられた個人的な情報はけっして口外されることはなく、プライバシーも厳守されるので、安心して話すことができる。

しかし実際のところ、大切な人を亡くした後に精神科医や臨床心理士などの専門家を頼る人はけっして多くはない。全国のホスピス・緩和ケア病棟で亡くなったがん患者の遺族五百余名を対象とした私の調査によると、死別から約一年のあいだに精神科医や臨床心理士などの専門家を受診した人は、回答者全体の約七パーセントにとどまった。もちろんこの調査は、ホスピス・緩和ケア病棟でのがんによる死の場合であり、ほかの死因や死の状況、たとえば自殺や犯罪被害による死や、幼い子どもの死の場合、その割合はもっと大きくなる可能性はある。

ただ、この調査で興味深いのは、実際に受診した人の約二倍の方が、結果的に受診しなかったものの、受診してみたいという気持ちはあったと回答していたという結果である。専門家からのサポートにたいする期待は意外に大きいのかもしれない。

多くの人が関心をもちつつも、けっきょくのところ受診しなかった理由のひとつは、精神科を受診することや、カウンセリングを受けることにたいする嫌悪感や抵抗感であろう。昔に比べると、その意識は少しずつ変わってきているようだが、まだまだ根強いように感じる。いきなり精神科やカウンセリングといわれても、敷居が高いと感じられるかもしれない。

また、自分が受診する必要があるかどうかがわからず、利用を躊躇《ちゅうちょ》する人もいるだろう。たしかに精神科やカウンセリングは、馴染《なじ》みのない人にとっては未知の世界であり、どのような場合に利用すればいいのかよくわからない。とくに、死別した後に経験される悲嘆自体は病気ではないため、相談に行くべきか否かの基準がいっそう不明確である。さらに、「どこに行けばよいかわからない」「どれくらい費用がかかるのか心配」という人もいるだろう。

もし専門家への受診を迷っているならば、地域の精神保健福祉センターや保健所などに、心の問題に関する相談窓口が開設されているので、まずはそこに相談してみるのもよいだろう。また、電話相談をおこなっているところもある。電話相談では、訓練を受けた相談員が対応してくれるし、匿名で話すことができるので、気兼ねなく話せるかもしれない。

過度な期待は失望につながりかねないので、甘言を弄《ろう》するつもりはないが、専門家の力を借りることはひとつの選択肢として考えてもよいと思う。

専門家に相談したからといって、状態が劇的によくなるわけではないかもしれない。それでも、話をじっくりと聴いてもらったり、精神科であれば薬をもらったりすることで、ずいぶん気持ちが楽になることもある。もちろん薬の力だけで死別のつらさが解決するわけではないが、これからを生きていこうとする意欲やエネルギーを少し与えてくれるかもしれない。

被害者支援にくわしい精神科医の小西聖子は、薬の効果について、大事な人を亡くしたことでできた傷は薬で癒《い》えるわけではないとしたうえで、日常生活を楽にし、みずからの力を少し引き出すという意味で薬は役に立つと述べている。どうしてもよく眠れないときに、睡眠薬の力を借りることで、生活のリズムを少しでも取り戻すことができるであろう。なお、薬に関しては充分に説明を受け、自分の判断で量を調整したり、服用を止めたりしないようにすべきである。

心の相談サービスだけではなく、いま直面している具体的な問題の解決のために利用できる相談サービスもある。死別にともなって生じた日常生活上の問題や法律問題などには、ソーシャルワーカーや司法書士・行政書士など、その分野の専門家の支援を積極的に活用するのがよいだろう。

第六章　あなたの身近な人が苦しんでいたら

1 〝そばにいる〟だけで

「なにかしたい」「力になりたい」

死別は、自分が当事者として経験することがある一方で、親しい友人や知人が経験する可能性もある。身近な人の〝そのとき〟に、私たちはいったいなにができるのだろうか。

本書を手にした読者の方のなかには、いま、まさに、その状況に直面している人もいるかもしれない。あなたがもし、実際に死別の悲しみに暮れている人を前にして、なにか助けになりたいと思って本書を手にしたのであれば、その気持ちがまずはなによりも大切である。その気持ちがなければ、そもそも相手を気にかけることはないし、相手の力になることもない。

逆に、その気持ちがあれば、そしてその気持ちを少しでも遺族に届けることができれば、それだけでも相手にとって支えになるかもしれない。それゆえ、身近な人が死別したときに「なにができるのか」を考える前に、まずは「なにかしたい」「力になりたい」と思えるかどうかが重要である。

私たちは、ともすれば亡き人との続柄や死の状況などの要素から、残された人の苦しみやつらさを推《お》し測《はか》りがちである。幼い子どもを亡くした友人にはなにか助けになりたいと自然に思えても、年老いた親を亡くした友人には同じようには思えないかもしれない。しかし、死別体験は人によってさまざまであり、死別によるダメージの深刻さは、まわりが思っている以上かもしれない。

私が以前にお手紙をいただいた女性は、高齢の母親を亡くした中年女性で、母親の死から二年近くが経ってなお悲しみは深く、自殺すらも考えたことがあるという。世間一般からみると、大往生ともいえる親の死によってどうしてここまで苦しむのかと思われるかもしれない。この女性の場合は、彼女は未婚で、父親はおらず、長年にわたり母親と二人で支え合いながら暮らしてきたそうで、彼女にとって母親なしの人生など考えられなかったのである。そして、いま、彼女の人生においておそらくもっともサポートが必要なときに、最大の理解者がこの世にいないのである。

彼女のようなケースは、全体としてみれば少数なのかもしれないが、予断をもって死別体験の重さを決めつけてしまわないことが望ましい。

目をそらさず

死別後しばらくしてから会った遺族の顔を見て、元気そうに見えることもある。泣いていないからといって、その人は悲しんでいないとはかぎらない。

娘をがんで亡くした六十代の女性は、「私がつらい顔をしていたらまわりの人がどう接していいか困るでしょうから、外ではあえてふつうにふるまってきました」という。遺族のなかには、「ひとりになって気が楽になった」と話す人もいる。しかしほんとうは、さびしい思いをしているにもかかわらず、我慢して、強がっていることもある。

生後まもない幼な子を亡くした母親は、「思ったより元気そうね」という言葉がつらかったという。まわりの人から「元気そうでよかった」や「あなたは強いね」などと言われてしまうと、自分のことを全然わかってもらえていないと、その人と距離を感じてしまうこともある。つらい気持ちも表に出せなくなってしまう。

あなたが心配ないと思っている目の前の遺族が、じつは深い悲しみに苦しんでいるかもしれない。死別体験のつらさを安易に過小評価するのではなく、まずは支援の目を向けることが大切であり、それが遺族を支える第一歩である。

死別した人の力になりたいとは思っても、実際に手をさしのべることは容易ではない。自分になにができるかわからないし、うまくできる自信もないなかで、行動を起こすことは、ときに勇気のいることかもしれない。

「なにをしてよいかわからない」

「誰かがやってくれるはず」

「なにもしなくても大丈夫」

など、いろいろな言いわけを自分にして、後ろめたさを感じつつも、見て見ぬふりをしてしまう場合も多いのではないだろうか。

なにか力になりたいという自分の思いを封印し、死別した人から目をそらすのではなく、その思いを原動力に目の前の相手に向き合ってもらいたい。特別なことはしなくても、その人を思うあなたの気持ちは、相手の心にきっと届くことだろう。

節度あるやさしさ

死別した人に接するうえでもっとも基本となることは、相手の思いを尊重し、その思いにそっと寄り添う姿勢である。

「〜してあげる」というあからさまな態度は、遺族の自尊心を傷つけかねない。「かわいそうに」「お気の毒に」という同情の言葉も同様である。遺族はけっして無力な弱者ではない。

死別した後の思いはさまざまであり、その人の思いはその人の思いとして尊重されるべきである。そこに正しい、正しくないという評価はふさわしくない。悲しみの底にある人にとって、そのままの自分を受けとめてくれる人の存在は、心強い味方であり、一歩ずつ前に進む勇気を与えてくれるであろう。

逆に相手の気持ちを考えずに、一方的なアドバイスを与えるのは〝やさしさの押しつけ〟であり、〝自己満足〟にすぎないと言っても過言ではない。「早くいい人を見つけて再婚したら」「子どもはまた作ればいいじゃない」といった言葉を平気で言う人も実際にいるそうである。かけがえのない人を失った遺族の気持ちを思えば、とても口にできないはずである。

また悪気はないのだろうが、「あなたには子どもがいるからいいじゃない」「長く苦しむよりもよかったじゃない」など、なんらかの基準によってほかの遺族と比較することで、少しでも死別の痛みをやわらげようとする説得が試みられることもある。これらの言葉は、遺族本人が自分でそう思うのであればよいが、他者から言われても納得がいかない場合が少なくない。このような言葉は、死別体験をみずからの基準で相対的に評価するものであり、遺族本人にとっての死別体験の重みを理解しようとする姿勢に欠けているといえよう。

自分も同様の死別体験がある場合には、ついついみずからの体験をもとに「こうしなさい」「ああしなさい」と助言しがちである。他者の体験談は遺族にとって参考になる場合も多いので、援助者自身の体験を語ること自体は否定されるものではない。ただ、相手が望んでもいないのに、自分の体験を一方的に話しすぎることは避けたほうがよい。また、死別の体験は各人に固有のものであり、類似の体験をしていたとしても、みずからの対処法を強要してはならない。あくまでもひとつの〝提案〟として、参考にするかしないかはあくまで遺族本人の選択に委ねられるべきだろう。

〝強要〟ではなく〝提案〟というかたちで、援助者自身の体験や過去に出会った遺族の体験を語ることで、遺族は自分なりのヒントを見いだすことができるかもしれない。押しつけがましくない、節度あるやさしさが求められる。

どんなに非科学的な話であっても

遺族は、ときに非科学的な話をすることもある。国立がんセンター名誉総長である垣添忠生は、亡き妻との出会いから闘病、別れ、そしてみずからの悲しみの体験を綴った著書『妻を看取る日』（新潮社）を上梓し、読者からの大きな反響を得た。その著書のなかで、垣添は蝶や小鳥、ナキウサギの姿に、亡き妻の姿を重ねている。

くたびれ果てて途中で一息ついていると、すぐ目の前の木の枝にメボソムシクイがとまった。スズメより少し小さいくらいの小鳥である。

「チュルリ　チュルリ」

喉の奥まで見えるほど、くちばしを大きく開いて、小さな体に似合わない独特の大きな鳴き声を浴びせてきた。

「こんなところで何してるの？　しっかりしなさい！」

まるで妻にこう励まされているように聞こえた。

「妻は私をどこかで見守ってくれている」

そう思わずにいられなかった。


垣添は、このようなみずからの体験について、「こうして様々な場面で妻があらわれ、一体感を感じられたことは、私を精神的に癒してくれたし、気力を取り戻す大きなきっかけともなった」と述懐している。そのうえで、「どんなに非科学的な話であっても、当事者には特別な意味を持っているのである」と述べている。医科学研究の第一線で活躍してきた垣添の言葉は、当事者の思いを尊重することの大切さを強く認識させるものである。

当事者の気持ちというのはやはりその人にしかわからない。「あなたのお気持ちはよくわかります」など遺族に安易に同調する言葉は、かえって遺族の不信感を招くこともある。

過去の経験や知識などからなんとなくわかったつもりになることがあるかもしれないが、ひとりとして同じ体験はなく、「深い部分まではわかりきれない」という前提に立つことが大切である。完全にわかることはできなくても、遺族の思いや考えかたになんとか近づこうとする謙虚な姿勢が援助者には望まれる。

Not doing, but being

近代ホスピスの母と呼ばれる英国のシシリー・ソンダースは、死にゆく患者や家族にたいするケアの原点は、〝Not doing, but being〟であると述べている。すなわち、なにかをするのではなく、その人とともにいることが基本であるというのである。

ナース・カウンセラーとして患者・家族や遺族のケアに取り組んでいる広瀬寛子も、ケアにおいて「逃げないでそばにいることが大切」と強調し、次のように述べている。

苦しんでいる人のもとに行くのはつらい。自分の無力さを思い知らされる。しかし、その人の苦しみを前に、無力な自分に苦しみながらそばに居続けることこそがケアだ。何かをしてあげないとプラスにならないのではない。「いる」ということはゼロではない。

言葉はなくても、ただそばにいて、ともに悲しむだけでも、ときに遺族の救いになる。夫を亡くした五十代の女性は、「私の話を聞いていっしょに泣いてくださる方がいると、それだけで力づけられました」と話されていた。

そばにいるということは、一見すると簡単なように思われるかもしれないが、ときになにかをすること以上にエネルギーが必要である。私たちはついなにかをしなければという焦燥感にかられがちだが、そばにいることの価値を見なおしてみてもよいのではないだろうか。

悲しみを代わりに引き受けられなくても

〝そばにいる〟というのは、なにも物理的に近くにいることのみを意味しているわけではない。物理的な距離は遠く離れていても、心理的にそばで寄り添うことはできる。

奥様を亡くした後、ひとり暮らしとなった六十代の男性は、離れて暮らす息子について、「電話で元気にしてるかとか、食事してるかとか、そんなことでいいんです。ささやかなこと、それがとても支えになるんです」

と嬉しそうに話してくれた。

また六十代の女性は、夫の死後にホスピスから届いた葉書に力づけられたという。

夫がホスピスにお世話になったのはわずか一週間でしたが、夫の係をしていただいた看護師さんが、夫の死後二度ほどお葉書をくださいました。大勢の患者さんがおられて忙しい中を一年たったいまでも主人のことを忘れずに便りをくださるのがとても嬉しく思いました。

自分を気にかけてくれている人がいると思えるだけで、人は安心できる。死別した人の悲しみを代わりに引き受けることはできないが、悲しみの暗闇のなかにいる人をひとりにしないことはできる。気の利いた言葉ではなくても、あなたはひとりではないというメッセージが伝われば、彼らが悲しみの淵から新たな一歩を踏み出す力にきっとなるはずである。

傷ついている人をさらに傷つけないために、自分の言葉や態度が、相手にどのように受けとめられているのかを意識することは大切である。ただ、逆に意識しすぎると、なにか腫れ物に触るような態度になってしまう。かける言葉に迷い、けっきょく、なにも言わないままになることもある。そうなると、遺族側は素っ気なく感じたり、疎外感を覚えたりすることもあるだろう。

これまでと変わらぬ態度で、まずはそばにありつづけることが大切であり、気の利いた言葉を無理に絞り出す必要はないように思う。もし自分の言葉や態度に迷いがあるのであれば、相手がどう受け取ったかを率直に聞いてみるのもひとつの方法である。

2　じっくりと、あせらず

耳を傾けること

遺族みずからが体験について話しはじめたら、一つひとつの言葉にじっくりと耳を傾けてもらいたい。大切な人の死によって、遺族はさまざまな思いとともに、悲しみや怒り、自責の念、不安、孤独感などの感情を経験する。そのような複雑な心模様を誰かに聴いてもらうことで、遺族は気持ちが少しは楽になるかもしれない。遺族の話を聴く際のポイントとして、まず、あなたにとって聴いているのがつらい話でも、話をさえぎったり話題を変えたりしないように意識することが大切である。

遺族の示す感情のなかには、強い怒りや罪悪感など不合理なものが含まれている場合がある。聴いている側としては、「そんなふうに思わなくてもいいのでは」と思うようなこともよくある。また、話している内容が、事実と部分的に異なっていることもある。話の途中で、つい反論したい誘惑にかられるのだが、そこはぐっとがまんして、そのまま遺族の話を聴く姿勢が求められる。客観的な事実がなんであるかよりも、遺族がそれをどのようにとらえ、どう感じているかが重要である。

先に紹介した広瀬寛子は、「遺族が言っていることが事実か否かということにこだわっているかぎり、相手の語ることや伝えたいことを聴くことはできない。客観的事実がどうであれ、遺族がそれを信じているということがその人にとっての真実だ」として、事実と異なることを指摘しても、遺族にとってはなんの助けにもならないばかりか、わかってもらえないという気持ちになると述べている。

臨床哲学を提唱する大阪大学元総長の鷲田清一は、聴く側の姿勢について次のように述べている（『わかりやすいはわかりにくい？』ちくま新書）。

だれかに聴いてもらおうとひとが重い口を開くのは、何を言っても受け容れてもらえる、留保をつけずに、反論もせずに、とにかく言葉を受けとってくれる、自分がそのまま受け容れてもらえる、そういう感触を確認できたときである。

聴くというのも、話を聴くというより、話そうとして話しきれないその疼《うず》きを聴くということだ。そして聴き手の聴く姿勢を察知してはじめてひとは口を開く。

遺族にとっての真実を尊重し、話を否定したり訂正したりするのではなく傾聴すること、そして遺族の思いを受けとめることが聴き手の姿勢として大切なのである。

ただ、そうは言っても、不合理な理由によって、自分を過度に責めているような場合は、「あなたが悪いのではない」ということをくり返し言うことも必要である。

遺族が「自分がしたことはほんとうによかったのかな?」と問う場合、正否を知りたいのではなく、自分を納得させるための保証を求めていることも多いように思う。

長きにわたる闘病の末に亡くなった場合や、在宅での介護を続けてきた場合など、故人が亡くなる前の家族の努力や苦労をよく知っている人には、ぜひ遺族をねぎらってもらいたい。「ほんとうによくお世話されたね。あの人もきっと喜んでいたと思うよ」といったねぎらいの言葉は、遺族の消し去れぬ心残りを少し軽くするかもしれない。

忍耐と根気

遺族の話をじっくりと聴くには、場合によって忍耐や根気が必要である。

遺族によっては、故人の発病から闘病生活、そして死にいたるまでの話を、きわめて詳細に時間をかけて話すこともある。あるいは同じ話を何度となく語る人もいる。聴く側としては、少々げんなりしてしまうこともあるかもしれない。また、遺族が途中で言葉に詰まり、沈黙が続くことがある。沈黙の時間というのは、聴いている側としてはとても長く感じる。

徐々に気まずさを感じ、こちらがなにか話したり、あるいは質問をしたりしたい誘惑にかられる。しかし、遺族にとって、その沈黙のときはとても大切な時間で、自分の気持ちに向き合い、表現するための言葉を紡《つむ》ぎ出す作業をおこなっているかもしれない。話がどれくらいの長さになるのかは、なかなか事前には想定しにくいが、じっくりと話を聴こうと思うのであれば、時間に余裕をもっておくことも必要である。

ときには遺族のほうから、

「どうしてあの人は死んでしまったのか？」

「私はこれからどのように生きていけばいいのか？」

などと逆に聞かれることもあるかもしれない。このような言葉を向けられると、多くの人はどう答えていいかわからず、とまどってしまう。その場から逃げ出したくなるかもしれない。

しかし、たいていの場合、問いへの答えを、あなたに求めているわけではない。簡単には答えられない問いにたいしては、無理に表面的な答えを返すのではなく、そのような問いを自問し、苦しんでいる遺族の思いに耳を傾けることが大切である。「あなたはどう思う？」と遺族の思いを引き出し、その思いに寄り添いながら、いっしょに考えていくのもよいだろう。

遺族のなかには、個人的な体験を語ることに抵抗をもつ人も少なくない。その人が話したくないというのであれば、無理に体験を語らせてはいけない。とくに死別が悲惨な記憶をともなうトラウマ体験となっている場合、当時の状況や気持ちを聞き出すのは避けるべきである。感情があふれ出し、状態を悪化させてしまう危険性がある。

また、個人的な関心のままに、遺族の体験を詮索してはならない。たとえば、自殺で家族を亡くした人にとって、「どうして亡くなったの」や「どうやって亡くなったの」などと自殺の理由や状況など、思い出したくない事柄を何度も聞かれることはつらいことである。

プレッシャーはかけない、現実を突きつけない

悲嘆のプロセスに必要な時間は人それぞれである。数ヵ月もかからない人もいれば、何年もの時間を必要とする人もいる。身体の切り傷が癒えるように、一定の期間が過ぎれば、誰もが一律に悲しみから立ちなおれると思ってはいけない。伴侶をがんで亡くした方の場合では、亡き人の死から丸二年を迎える三回忌を終えて、ようやく心の整理がついたという話もよく耳にするが、個人差はかなり大きいと考えたほうがよい。まわりの人が想像しているよりも、悲嘆は深く、長く続くことも珍しくない。それゆえ死別した人へのサポートは亡くなった直後の時期だけでなく、長期にわたって継続的におこなわれることが望ましい。

「いつまでも泣いていてもしかたないでしょう」

「あなたがしっかりしないと」

と早く立ちなおるようにプレッシャーをかけることは避けるべきである。その人は、まだ泣きたい気持ちだから泣いているのである。その人自身も「このままではいけない」と思っているかもしれない。でもなんともできず、それゆえ苦しんでいるのである。

「あきらめるしか、しかたがない」

「いまを生きるしかない」

といった現実を突きつける言葉も、たしかに言っていることは正しいかもしれない。しかし、これらの言葉は、死の現実を頭ではわかったうえでなお、気持ちの面でなかなか受け容れられないという自分でもどうしようもない思いをかかえた遺族にはほとんど役に立たない。

「いつまでも悲しんでいても死んだ人は喜ばないよ」も、ときに遺族にかけられる言葉のひとつである。この表現は、人によっては背中を押すことにもなるが、裏を返せば、「いつまでも悲しんでいることは亡き人を悲しませる」と受けとめられることもある。その場合、遺族は悲しんでいることを責められているように感じ、人によっては「なかなか立ちなおれないダメな私」と自己嫌悪に陥りかねない。

あなたにとって大切な人が苦しんでいるのを前にして、見守ることしかできないというのは苦痛かもしれないが、死別した当事者にとっては必要な時間なのである。本人にしかわからない時の流れがあるようにも思う。昨日のことのように死別した当時のことを話し、まるで時間が止まってしまっているかのようにみえる遺族もいる。気を長くもって、性急に成果を求めず、あせらずにかかわりを続けていくことが望ましい。

拒絶されることだってあるだろう

残された人を支えるというと、死別の後すぐに、なにか役に立ちたいとアプローチしがちである。知らせを受けて居ても立ってもいられず、駆けつける人もいるかもしれない。もちろん、そのような人の存在は、多くの遺族にとってたいへんありがたいもので、しばしば大きな力になる。その一方で、死別後まもなくは、そっとしておいてほしいと希望する遺族もいる。そのようなとき、思いやりをもって見守ることも必要である。

親を亡くしたスウェーデンの子どもたち三十一人の手記をまとめた『パパ、ママどうして死んでしまったの』（論創社）という本がある。そのなかで、十六歳のときに父を白血病で亡くした二十歳の女性は、当時のことを次のようにふりかえっている。

だれかが電話をかけてくれて、「どう？」と聞いてほしかった、そしてわたしを引っ張り出してくれたらと願った。とはいっても出て行きたくないことが多かったけれど。電話をしてくれる人はあきらめてしまわないことが大切だった。というのもこちらから電話はかけないのだから。人に迷惑はかけたくなかったけれど、まったくの孤独でないことを感じたかった。

同じような言葉や働きかけであっても、遺族の心理状態によって受け容れられることもあれば、拒絶されることもある。

たとえば死別してまもなくのころには、食事や旅行に誘われても、とてもそんな気持ちにはなれないという人は多い。時期だけでなく、遺族の心理状態はときに大きく揺れ動くので、そのタイミングによっては、無視されたり、冷たい態度を取られたりすることもありうる。メールをしても返事が返ってこないこともあるだろう。

気持ちが落ちこんでいて、まわりの人のことを考えるだけの心の余裕がなくてもしかたのないことである。そのような遺族の態度に、自分が嫌われていると落ちこんだり、反発を覚えたりすることもある。一度相手から拒否されると、どうしてよいのかわからず、途方に暮れてしまう。なにもできない自分に無力感をいだき、後ろめたさを感じつつも、遺族から遠ざかる人もいる。あまりあせらずに、少し距離をとって見守ることも場合によっては必要であろう。

あっ、ごめんなさい！

亡き人の話を遺族とすることは、遺族のつらい記憶を呼び起こし、悲しみを深めさせてしまうのではないかと思っていないだろうか。亡き人のことを話題とすることに、ついつい躊躇してしまう人は少なくないように思う。先に紹介したスウェーデンの子どもたち三十一人の手記のなかで、十四歳のときに母をがんで亡くした十九歳の男性は、次のように述べている。

クラスメイトの沈黙はぼくに違和感と疎外感を感じさせた。だれかが母についてとりとめのない質問をした時に、僕は黙ってしまったが、そのあとぼくは母が死んだことを話した。するとほとんどの人が「あっ、ごめんなさい」といっただけだった。この同情のことばは、彼らとのつながりを失わせた。あっ、ごめんなさい！　そういわれたあとは、もうことばが続かない。まるで彼らに背を向けられたようだった。

もちろん話を向けたときに、遺族が亡き人のことに触れたくなさそうであれば、やめるべきだが、故人の話題をことさらに避けることは、むしろ好ましくない。故人のことをよく知っているのであれば、故人の思い出を話すことで、遺族はいまも生きる故人の存在を強く感じることができるかもしれない。逆に、故人の話題をあえて避けることは、遺族に孤立感をいだかせることにもつながる。

ご主人を亡くしたある女性は、

「時間が過ぎると、だんだん夫のことを話しにくくなって、かえってつらいです」

と話してくれた。みなが故人のことを忘れてしまっているかのように感じたり、故人がまるで存在しなかったかのように思えたりすることは、遺族にとっては耐えがたいことである。

故人を忘れてはいないと……

〝死んだ子の年を数える〟ということわざがある。いまさらどうにもならない過去をひたすら愚痴《ぐち》ることのたとえとされる。

実際に、子どもに先立たれた親のなかには、死んでから月日が経過しても、「あの子が生きていれば、今年で〜歳になる」などと話すことがある。他人からすれば、言ってもしようがない話かもしれないが、親にとっては亡き子の存在はありつづけているのである。

評論家の川本三郎は、六十四歳のときに、七歳年下の妻、恵子さんを食道がんで亡くした。彼は亡き妻への追悼記である『いまも、君を想う』(新潮社)のなかで、次のようなエピソードを紹介している。

家内が亡くなって二ヶ月ほど経った夏のある日、この店に行くと、おかみさんに「最近、奥さんを見ないけど」と聞かれた。「六月に亡くなりました」と言うと、おかみさんはびっくりした。家内はよくここで豆腐を買っていて親しく話をしていたという。

おかみさんは、頭にかぶっていた手拭いをとって深々と頭を下げてくれた。私の知らなかった家内がいる。近所の人に親しく記憶されている。そのことがうれしかった。

亡き人に近しい人の間では肉体的には存在しなくとも、亡き人の存在はけっして無ではなく、社会的な存在として生きつづけている。しかし一方で、社会のなかでは、生物学的な死とともに、社会的な死も進行していく。十四歳のときに母親を亡くした男性のように、周囲の人とのその乖離《かいり》に遺族は疎外感を感じるのである。それとは対照的に、川本三郎のように、他者に記憶されていることは遺族にとって喜びである。故人への思いや故人の記憶を確認し合う作業を通して、遺族は社会的存在として故人が〝生きている〟ことを実感できるのである。

このような作業は、日本の宗教的な伝統のなかに組みこまれていたように思う。たとえば、地域によって異なるが、通夜後、別室にて食事やお酒などで弔問客をもてなす〝通夜ぶるまい〟の席が設けられることがある。これは、故人の供養になるといわれているが、故人に縁のある者同士が悲しみを共有するとともに、亡き人の記憶を紡ぎ、今後も社会的存在としてありつづけることを確認する機会にもなっているのではないだろうか。

滋賀県近江八幡市にあるヴォーリズ記念病院ホスピスでは、患者さんが亡くなった後、お見送りをする間際に、「お別れのとき」というユニークな会をおこなっている。場所はホスピス内の一室で、亡き患者のご遺体のまわりに、家族と病院スタッフが集まる。そして、主治医が故人の名前、誕生日、年齢、病気の経過を述べた後に、病院スタッフがそれぞれに生前の故人との思い出を話していく。家族もそれぞれが同じく故人との思い出を語る。

一般の病院では、病院のスタッフと家族が、患者が亡くなった後に、思い出を語り合うような機会はほとんどない。しかし、亡き人の最期の大切な時間をともにした家族と病院スタッフが、亡き人の記憶を共有する場をもつことは、お互いにとって大きな意味があるように思う。

亡き人にかかわる記憶を共有できる人が、ひとりでも多くいることが、故人とともにこれからも生きていく遺族にとって大切なことである。大規模な災害や事故などが起こると、その後、何年にもわたってその発生した日に慰霊祭や追悼行事がおこなわれることがよくある。このような定期的な行事、あるいは慰霊碑や慰霊塔などがもつ意義は、遺族と同じく、関係者や社会も「故人のことを忘れない」というメッセージを遺族に伝えることにあるように私は思う。

3　あなた自身も大切に

ちょっとした頼みごとを気軽に

〝こころのケア〟という言葉は、一九九五年の阪神・淡路大震災以降、広く使われるようになったが、死別した人が必要とするのは、必ずしも精神面でのサポートだけではない。

もちろん大切な人の死そのものによる精神的なショックは大きいが、その一方で、故人亡き後に現実的な困難に直面して戸惑い、苦労している人もいる。そのような人にたいしては、慰めや励ましよりも、目の前にある問題の解決を手助けする直接的かつ具体的な援助が求められる。

家族を亡くした場合には、人によって数や種類は異なるが、やらなければならないいくつかの事務的な手続きがある。たとえば、
・死亡届など役所への必要書類の提出
・公共料金などの名義変更

・年金や一時金、保険金の請求手続き

などが挙げられる。

また、故人が家族を扶養していた場合、健康保険の切り替えが早急に必要になる。故人が年金受給者であった場合には、年金の受給停止手続きも急がなくてはならない。国民年金であれば、十四日以内に必要書類を年金事務所か年金相談センターに出さなければならない。届け出が遅れると、故人の年金がつづけて振りこまれてしまい、後日返還の手続きをしなければならなくなる。

相続の手続きや、それにともなう預貯金や株式、不動産、会員権などの名義変更が、過重な負担となる場合もある。さらに、このような煩雑な諸手続きに並行して、香典返しの準備や品物選び、忌明け法要のことも考えなければいけない。

これらはまだまだ悲しみの深い時期に取り組まなければならず、遺族にとって大きな負担ともなりかねない。ちょっとした頼みごとを気軽にできる人が身近にいれば、彼らの負担は多少なりとも軽減されるであろう。

また、いままでは亡き人が担っていた役割を、これからは誰かが代わりにおこなわざるをえなくなる。そうした故人のいない新たな生活を営むなかで、小さな困りごとからむずかしい課題まで、さまざまな生活面での困難に直面することがある。

たとえば、食事を作ること、買い物に行くこと、外出に付き添うこと、子どもの面倒をみること、庭の手入れをすること、ペットの餌やりや散歩をすることなどは、ときに残された人の重荷となる。そのような困難をかかえている人には、それらを解決するための手助けが求められる。

より具体的な申し出を

一年半ほど前に夫をがんで亡くし、まもなく還暦を迎える女性は、

「お風呂場の高いところの電球が切れたと言ったら、すぐに買ってきて取り替えてくれるとか、離れて暮らしている息子が必要なときに来てくれる。私がちょっと身体の調子が悪いと言うとすぐにお薬を送ってくれたり、そういう点ではすごく助かります」

と私に話してくれた。同じく夫を亡くした七十代の女性も、別居している五十歳近くの息子さんについて、

「役所に行って名義変更したり、銀行でお金をおろしたりしてくれる。雨戸があかないとか、チャイムが壊れたとか、そんなときもすぐに来てくれる」

と話されていた。このように、これまでは亡き人がやってくれていたようなもろもろの面倒な仕事を手伝ってもらえることは、遺族の大きな助けになっている。

生活面での支援をおこなうにあたっては、あまり押しつけがましくなってもいけないが、より具体的な申し出のほうが望ましい。「困ったことがあったら、なんでも言ってね」と声をかけても、「迷惑をかけたくない」と遠慮して頼まない遺族も多い。遺族が気兼ねなく頼めるように、自分ができることを先に伝えるとよいかもしれない。

遺族が直面している問題には、専門家でないと対応できないものもある。その場合には、行政による各種の相談窓口など、その問題を解決するための情報を集めて伝えるとよいだろう。混乱の時期にある遺族にとって、このような情報をみずから進んで得ることは容易ではない。

また生活面での手助けとしては、長い目で見れば、故人のいない生活を営んでいくうえで必要な知恵や技術を教えることも大切である。たとえば、伴侶を亡くした男性の場合には、食事に苦労することが多いが、簡単な料理の方法を学んでもらうこともよいだろう。新しい知恵や技術を少しずつ身につけていくことで、単調な日々を過ごしていた遺族にとっても、日々の生活に張りが出て、生きる意欲が芽生えてくるかもしれない。

相手の体調にも気を配る

大切な人の死は、残された者の心だけでなく、身体にも影響を及ぼす。第一章でも触れたが、かつて〝ブロークンハート・シンドローム〟と呼ばれたように、死別後に心疾患のリスクが高まることは以前から認識されてきた。近年では、自然災害や家族の死などによる過度の精神的ストレスによって生じる疾患として、〝たこつぼ型心筋症〟と称される心筋障害が知られている。この疾患は一九九〇年に日本で初めて報告され、自律神経が極度に混乱し、心臓筋肉が収縮しにくくなり、正常に血液を送り出すことができなくなるという。動きが悪くなった心臓の形が、〝蛸壺〟のような形に見えることから、この病名がつけられたそうである。

また死別によって免疫機能や内分泌機能が悪化することも、これまでの研究において確認されている。たとえば、配偶者と最近死別した女性を対象とした研究では、死別前に比べ、免疫システムの要素であるナチュラルキラー細胞の機能低下が認められたと報告されている。くわえて、自身の健康管理もおざなりになりがちであるために、持病が悪化したり、がんや心疾患など新たな疾病に罹患したりするリスクが高くなると考えられる。

さらに高齢者の場合には、配偶者との死別が認知症の発症につながる可能性もある。最近報告されたフィンランドでの、ある地域に住む人びとを平均で二十一年間も追跡した疫学研究によると、中高年の時期に伴侶を亡くした人は、そうでない人に比べ、六十五歳以上の老年期での認知機能低下が大きく、アルツハイマー病になるリスクが七・六七倍も高いという。

身体のダメージは、ときに生命の危機にかかわる問題につながる危険性もある。しかし、当の本人は「自分のことはもうどうでもいい」と、投げやりな気持ちになっているかもしれない。高齢の遺族、とくに男性の方に多い印象があるが、「いつお迎えが来てもいい。ほっといてほしい」「このまま病気が悪くなって、死んでしまってもかまわない」と、体調が悪くても病院にかからない人もいる。また、処方された薬を適切に飲まず、持病を悪化させてしまうこともある。

本人だけでは身体面の自己管理がむずかしい時期には、身近な人が注意深く見守ることが大切である。場合によっては、本人が望まずとも病院に連れて行くことも必要であろう。

仕事と食事、アルコールとタバコ

体調を回復するためには、まずは十分な休息が必要である。しかし実際には、気持ちを紛らわす手段として、予定をたくさん入れて、忙しくする人もいる。とくに現役で働いている男性のなかには、これまで以上に仕事に没頭する人が少なくないように思う。それが結果的によかったという人も多くいるので、一概にダメだとは言えないが、みずからの健康を顧《かえり》みることなく無理をするのは望ましくない。当の本人は自覚していないことも多いので、まわりの者が心身に異変がないかと注意を払っておくことが必要である。

また、身体のためには栄養のある食事も大切である。食事の習慣や栄養摂取については、とくに妻を亡くしたひとり暮らしの男性の場合に問題視されることが多い。ただ、伴侶を亡くした場合でいえば、必ずしも男性だけではなく、女性においても、食事の時間が不規則になり、栄養も偏る傾向がある。食生活の悪化は、死別した後の健康悪化につながっている可能性も指摘されており、軽視できない問題である。

夫を亡くし、ひとり暮らしになった六十代の女性は、

「うちの場合は近所にすごく親しい人がいて、おかずを届けてくれたりとか、いま、ごはん炊けたから食べに来ないとかね。そういうのがあるからすごく助かった」

と話してくれた。このような食生活への気づかいや、食事をともにする機会をもつことは、遺族を身体的にも、精神的にも支えることになるだろう。

死別のつらさを紛らわしたいとの心理から、飲酒や喫煙が以前よりも大幅に増える人もいる。やり場のない気持ちを少しでも紛らわしたいという理由はわからないではないが、過度の摂取は当然のことながら、身体の健康を害しかねない。さらに、これらは手軽で、かつ、いまのつらさから一時的であれ逃れさせてくれる即効性があるため、依存しやすいという危険性もある。ただでさえ弱っている身体に悪影響を与えぬよう、アルコールやタ

バコの過度の摂取や依存には注意が必要である。

状態に応じて専門家への受診をすすめる

死別後に悲嘆を経験することはけっして病気ではなく、多くの場合、精神科医やカウンセラーなどの専門家による治療は必要ではない。しかし一方で、いわゆる複雑性悲嘆（第二章）が疑われる遺族や、うつ病あるいは心的外傷後ストレス障害などの精神疾患を示す遺族も少なからず存在することも事実である。そのような場合には、薬物療法や支持的精神療法を含む精神科的治療が必要となる。

家族や友人・知人を含め、治療の専門家ではない援助者は、複雑性悲嘆や精神疾患が疑われる場合、速やかに専門家に相談し、診察を受けさせることが望ましいだろう。ただそうは言っても、実際のところ受診をすすめるべきなのか否か、判断に迷うところでもある。この判断は、医療関係者など援助職の人であっても簡単ではない。一般的な判断の目安としては、死別から一年近くが経過しても、悲しみがきわめて深く、そのために日々の生活に大きな支障があるような場合には、専門家に相談することを考えはじめてみてもよいかもしれない。

遺族のなかには自殺をほのめかす人もいる。奥様を亡くした五十代の男性は、こう話してくれた。

死にたくなることってあるんですよ。この世よりあの世のほうが知っている人が多いとか、親しい人が多いとかなってくると、死んでもいいかなという気になったりすることもあります。向こうに行っちゃおうかなとかね。向こうがあるかどうかもわからないけど。

この男性には子どもはいなかったが、彼の両親は健在で、親が悲しむと思って自殺を思いとどまることができたという。

親しい人との死別は、自殺の危険予測因子のひとつとして位置づけられている。とくに子どもとの死別や自殺による死別の場合、遺族の自殺リスクは高まることが示されている。私がおこなったホスピス・緩和ケア病棟で亡くなった患者の遺族を対象とした調査においても、一割強の人が「自殺について考えたことがある」もしくは「もし機会があったら自殺するだろう」と答えている。

遺族のなかには、なかなか本音はみせず、「大丈夫」と元気さをよそおう人も少なくない。けっして多くある話ではないが、大丈夫だと思っていた人が、ある日、突然自殺してしまったという話も現実にある。

自殺を未然に防ぐことは簡単ではないが、自殺をほのめかす言動など、自殺の危険性を少しでも感じた場合は、その人との連絡を密にとることや、自分以外の家族・親族あるいは友人・知人にも当事者の状態を知らせること、そして専門家に相談することが重要である。

なお遺族にかぎったことではないが、精神科医やカウンセラーにかかることに抵抗を示す人もいるだろう。もちろん本人を説得して、みずからの意思で受診することが望ましいが、どんなに説得してもその気にならないこともある。その場合は、さしあたって家族だけが病院に行って相談してみるのもひとつの方法である。どこに行けばよいかわからないときや、いきなり病院に行くのには抵抗があるときは、地域の保健所や自治体の担当窓口に相談に行くとよいだろう。

〝避雷針〟

深い悲しみに暮れる遺族に接することは、ときに精神的な疲労をもたらす。経験豊富な援助の専門家であっても、けっして楽なことではない。まして一般の多くの人にとって、遺族に向き合うことは、相応の覚悟と労力のいることであろう。

遺族の話す言葉一つひとつに耳を傾けるうちに、相手の感情に巻きこまれ、気持ちが大きく揺さぶられることがある。とくに自分自身が、過去に似たような死別の体験がある場合には、その傾向が強くあらわれるかもしれない。過去の体験について自分の気持ちがまだ整理できていなければ、遺族にかかわるなかで、みずからの問題で苦しめられる可能性もある。

また、相手の悲嘆の重さに圧倒されたり、あるいは援助の申し出を拒否されたりして、どうすればよいかわからずに、無力感をいだいてしまうこともあるかもしれない。

遺族のやり場のない悲しみが、怒りや不満の感情となって、まわりの人にぶつけられることもある。このような感情への対応はけっして容易ではないが、なるべく否定せずに受けとめることが望ましい。しかし、感情を受けとめ、自分のなかにかかえこんでしまうと、サポートする側がしんどくなってしまう。

京都大学名誉教授で臨床心理士の東山紘久は、相手のたまった感情の聞きかたは、〝避雷針〟と同じと述べている（『プロカウンセラーの聞く技術』創元社）。

怒りでも愚痴でも、たまった感情を自分に積極的に落としてもらう。そして、それらを自分のなかにため込まず、自分を通して外に流し出すようにするのである。全部自分の身にためていたのでは、自分が焼き切れてしまいかねない。

遺族の気持ちを親身になって聴くことは言うまでもなく大切だが、あくまでもその感情はその人のものとして受け取り、自分の心のなかに溜《た》めこまないようにしてもらえればと思う。

サポートする側の精神的な疲労は、自他ともに見過ごされがちである。本人が意識しないままに積もっていき、不安、イライラ、抑うつ、不眠などの症状としてあらわれることもあるという。いま、看護や介護など援助の専門家においても、援助することにともなう精神面での慢性疲労が深刻な問題となっており、やがて燃え尽き状態に陥り、離職してしまうケースも少なくない。

遺族を支えるにあたっては、強い疲労感や無力感がしばしば引き起こされることを十分に認識し、自分の心と身体を意識的にいたわる必要がある。「しんどいときはしんどい」「悲しいときは悲しい」と自覚することではじめて、自分に優しくすることができるのである。

自分をいたわる方法には、誰かに話を聞いてもらうことや、休息をとること、自分なりの楽しみをもつことなどがあるが、人によって好みが異なるので、自分に合うものを見つけてもらいたい。

また、遺族の方に接するにあたって、自分ができることには限界があることを認識しておくことも必要であろう。

あなたがかかわっている人がなかなか悲しみから抜け出せないからといって、必要以上に自分を責める必要はない。遺族を支援する取り組みに長年たずさわっている援助職の人であっても、思うようにいかないことは多い。なんとか力になりたいという思いが強ければ強いほど、もどかしさやいらだち、無力感をいだきがちになるかもしれない。しかし、ここは少し冷静になって、気を長くもつことが大切である。

やや極端な言いかたになるが、「その人が死ななければいい」くらいの気持ちの余裕があってもよいのではないだろうか。もしあなたが疲れきって、その場から立ち去ることになれば、あなたの前にいる遺族を支える人がひとりもいなくなってしまうかもしれないのである。

第七章　死別の後を生きる

1　悲しみと折り合いながら

無力ゆえにあきらめるのではない

伴侶を亡くした男性は〝寡夫〟や〝男やもめ〟、女性は〝寡婦〟や〝やもめ〟と呼ばれ、さらに女性の場合は〝後家〟〝未亡人〟とも呼ばれる。

〝未亡人〟という呼び名は、〝寡婦〟や〝やもめ〟などに比べ、比較的新しい用語で、明治時代の日清・日露両戦争の時期に一般的に使われるようになったといわれる。この〝未亡人〟という言葉をそのままに受け取れば、「夫とともに死ぬべきなのに未《いま》だ死なない人」の意味であり、日本の伝統的な性役割意識のあらわれとも指摘されている。

したがって、この言葉は必ずしも適切な表現ではないが、実際にはこの言葉の意味のごとく、自分の人生はもはや終わってしまったと感じている人も、夫を亡くした女性にかぎらず少なくないだろう。しかし、本人が望む、望まないにかかわらず、いのちあるかぎり、残された者の人生はまだ終わらない。亡き人の人生は死によって終わりを迎えるが、残された人の人生はそこで終わるわけではない。その先、どれくらいの時間が残されているのかは誰にもわからないが、人生は続いていく。若くして伴侶を亡くした場合や、子どもを亡くした両親の場合では、その後の自分の人生はまだまだ長い。

まだ終わらない人生を、残された者はどう生きるのか。

対人心理学を専門とする相川充は、四十三歳のときに夫人を一年半の闘病生活の末にがんによって失った。妻の死は、相川にとって「覚悟や予想をはるかに上まわる未知の体験」であったという。その自身の体験を、心理学の視点を交えながら一冊の本に綴っている(『愛する人の死、そして癒されるまで』大和出版)。

そのなかで、相川はあきらめることを学ぶことで、気持ちに変化が生じ、新たな希望も芽生えたと述べている。相川の考える〝あきらめる〟とは、人生そのものを捨てるのではなく、自分にできることとできないことを区別して、できないことをやめること、あるいは、人間の力ではどうしようもないことがあるという事実を認めて、過去や先のことについても思い煩わず、目の前のことに全力を傾けることだという。

私たちは死そのものをコントロールすること、すなわちみずからの欲求を満たすように死の状況を変えることには限界がある。「死別」と訳される英語のbereavement《ビリーブメント》は、「奪い取る」「略奪する」「所有権を奪う」という意味の古英語に由来するとされる。つまり、

bereavementという言葉の意味は、死が私たちから愛する者を強制的に奪い取るという観念にもとづいている。

死によって、大切な人が奪われたとき、私たちはもはや大切な人を取り戻すことはできない。死という絶対的な力の前に人間は為す術をもたない。しかし、死の現実を変えることはできないとしても、そのおかれた状況のなかで、みずからの人生の歩みを選んでいくことはできる。大切な人の死をどう受けとめ、どのように対処するのかについて、人間は無力ではない。

どう生きるかは本人しだい

相川の実体験にもとづく論考は、プロテスタント神学者であるラインホルド・ニーバーの祈りの言葉である「平静の祈り（The Serenity Prayer）」と重なる。人は死別というできごとは変えられないが、その体験の意味や、その後の人生は自分なりに変えていくことができるのである。

神よ、
変えることのできるものについて

それを変えるだけの勇気をわれらに与えたまえ。
変えることのできないものについては
それを受けいれるだけの冷静さを与えたまえ。
そして、
変えることのできるものと、変えることのできないものとを、
識別する知恵を与えたまえ。

死別という体験は、大切な人を失うという点において誰にとっても共通している。しかし、人生のなかでのひとつの体験としてみた場合、その意味は人によってちがってくる。男女、年齢を問わず、故人のいない〝その後の人生〟をいかにとらえ、どう生きるかは本人しだいである。

死別をひとつの区切りとして、そこから第二の人生が始まるととらえる人もいる。一方で、人によっては人生の中心的な核を失い、人生全体が崩壊してしまったかのように感じているかもしれない。後を追うように亡くなった人のなかには、死別の時点で人生の時計は止まってしまい、その後の人生になんの価値も見いだせずにいた人もいるだろう。

先に紹介した垣添忠生も、妻の死後、「もう生きていても仕方がないな」と何度思ったか

しれないという。だが、「死ねないから生きている」かのようなどん底の日々を経て、自分を少し客観的に見られるようになったいまの思いとして次のような言葉を記している。

最終的には、やはり自分自身の足で立ち上がるしかない。とことん落ち込んで、死にさえしなければいいのである。

開きなおりに似た心境ともいえるが、どん底を経験した人だからこそその言葉の重みがある。

「私は立ちなおることなんてない」

〝立ちなおる〟という言葉は、死別に関する話題のなかでしばしば用いられる表現である。遺族自身が「すでに立ちなおりました」「まだまだ立ちなおれないでいます」と話すこともあれば、周囲の人が「立ちなおられましたか?」と遺族に尋ねたり、遺族のようすを見て「だいぶ立ちなおってきたみたい」と評したりする場合もある。

『広辞苑』（第六版）によると、〝立ちなおる〟とは、

①倒れかけたものがもとのようにしっかりと立つ

②もとの良い状態にもどる、なおる
③姿勢をまっすぐに立つ
④場所を移る
を意味している。『日本国語大辞典』（第二版）でも〃立ちなおる〃については同様の意味が示されており、また〃立ちなおり〃として「悪い状態になったものが、もとのよい状態にもどること」と記されている。

つまり、〃立ちなおる〃や〃立ちなおり〃とは、たとえばなんらかの病気のように、死別という体験を一時的に陥ったよくない状態としてとらえ、そこから元のよい状態に戻るという意味に近い。病気であれば、元のよい状態に戻る、いわゆる〃回復〃あるいは〃治癒〃が、患者や治療者の目標となる。しかし死別の場合、亡き人が生き返らないかぎり、死別以前の状態に完全に戻ることはない。大切な人の死によって遺族を取り巻く状況は変わり、そして遺族自身も変化している。風邪が治るようになにごともなかったかのごとく死別体験を消し去り、忘れ去ることは不可能なのである。遺族もけっしてそれを望んではいないだろう。

事実、この〃立ちなおる〃という言葉を好まない遺族も少なくない。私自身、かつて小さな講演会の場で、この言葉を深く考えずに使っていたところ、質疑の場面になって年配の女性から「私は立ちなおることとなんてない」と強い口調で言われた苦い経験がある。

数年前に夫を亡くしたという その女性にとって、〝立ちなおる〟とは故人を忘れ、なにごともなかったかのように日常に戻ることを意味していたらしく、その言葉を無遠慮に使った私の話は耐えがたかったようである。この女性にはほんとうに申しわけなく思うと同時に、言葉のもつ意味を十分に吟味することの大切さを教えられたと思っている。私はそれ以後、とくに当事者の方を前にお話をさせていただく際は、言葉選びや言い回しには慎重を期すように心がけているが、まだまだ力不足であることを日々感じている。

では、〝立ちなおる〟に代わる適切な言葉はあるのだろうか。

〝回復〟と〝適応〟

〝立ちなおる〟が元の状態に戻る〝回復〟の視点であるとすれば、元の状態に戻るのではなく、いまの状態への〝適応〟を強調する立場がある。

適応という考えかたは、もともと生物学の概念であり、生活環境に応じて動植物がみずからの生存に適した体型や習慣を示すという生物の進化をとらえるために用いられてきた。その後、人間の生活におけるさまざまな側面に使用されるようになり、学校への適応、職場への適応、海外生活への適応などと表現されることもある。この場合、適応とは、環境にたいする適合的な行動や態度により、個人と環境とのあいだに調和した関係が保たれた状態をいう。

したがって死別後の適応とは、遺族が亡き人の死を受け容れるとともに、その死にともなって生じる役割や人間関係の変化などの事態にうまく対応し、故人のいない環境と調和できた状態を意味するといえる。さらにいえば、適応の状態とは、たんに望ましくない問題がない状態を指すのではなく、死別体験による成長や発達も包含した状態としてとらえられる。

しかし、興味深いことに、〝適応〟の視点からの〝立ちなおる〟に代わりうる一般的な表現が、日本語には見当たらないように思う。元の状態に戻るというたんなる〝回復〟ではなく、変化した状態との積極的な調和という〝適応〟をわかりやすく表現する言葉があればよいのだが、私は見つけられないでいる。それゆえ私も〝立ちなおる〟という言葉は使うこともあるが、その際には元に戻るのではなく、故人を忘れるのでもないということをあわせて伝えるようにしている。

死別した人は、元に戻るという意味において、〝立ちなおる〟ことなんてないのである。遺族にとっては、いくら時が過ぎようとも、死別体験自体がゼロになるわけではないし、亡き人の面影や思い出がすべて消え去ることもないだろう。同様に、死別の悲しみも時間とともに小さくなることはあっても、なにかの折にふとわき上がってくることもあり、完全になくなるということはないのではないだろうか。

そうであるならば、悲しみと折り合いながら、うまく付き合っていくほかない。夫との死別から一年半ほどが経った四十代の女性は、

「(死別して) まもなくのころは、主人のことをあれこれ考えてしまって、涙を流していたのが、だんだん少なくなってきた。思い出しても、それは悲しいことばかりじゃなくて、楽しい思い出だったりします」

と話してくれた。

この女性のように、悲しみにおおわれた記憶は、やがて故人との楽しかった思い出に変わり、涙を流す代わりに笑って話せる日がきっと訪れることを信じたい。

2　新しい生きかたを模索する

「ひだまりの会」

死別という体験を通して、しばしば生への新たなまなざしが芽生える。とくに自分と同じような体験で苦しんでいる人への共感や思いやりを強く感じ、そのような人を支える活動を希望する方は少なくない。

私が出会った遺族の方々のなかにも、そのような思いをもつ人は多く、ときに相談をもちかけられることもある。「自分はもう元気になったので、同じような体験をした人の力になりたいのだけど、なにかできることはないか」というのである。セルフヘルプ・グループやサポートグループなど、死別体験者の集まりの多くは、このような体験者たちの献身的な働きによって支えられている。

人によっては、体験をきっかけに新たな生きかたを模索し、人生の新しい進路を見いだすこともある。

「ひだまりの会」事務局の泉原久美は、そんな死別体験者のひとりである。

「ひだまりの会」は、葬儀業界最大手の㈱公益社が、社会貢献事業の一環として、二〇〇三年十二月に開始したグリーフサポートの活動（会員数は二〇一二年三月時点で、約七百五十名）であり、彼女は現在その中心的な役割をはたしている。「ひだまりの会」の詳細は、古内耕太郎との共著『グリーフケア―見送る人の悲しみを癒す～「ひだまりの会」の軌跡』（毎日新聞社）に譲るが、この取り組みは葬儀業界の新たな一歩であると同時に、グリーフケアの新たな展開としてもその意義は大きいと考えている。

泉原が、夫を胃がんで亡くしたのは三十代のときだった。自分のなかの「時計が止まった」ように感じ、眠れない日々が続き、家に引きこもりがちであったという。そんななか彼女は、夫の死から百ヵ日が過ぎたころに、夫を見送った葬儀社である㈱公益社に就職し、ひとりの消費者の目線で新しい企画を社に提案していく。

そして、夫の死から八年が経った二〇〇三年、泉原の発案をひとつのきっかけとして「ひだまりの会」が発足し、彼女はプロジェクトチームの一員となった。それから約九年、本邦初ともいえる葬儀社による本格的な遺族サポートの取り組みを、試行錯誤をくりかえしながらいまも続けている。

このような泉原ら葬儀社のスタッフによって始められた取り組みは、その後、遺族による新たな活動につながっていく。

「遺族支え愛ネット」

ＮＰＯ法人「遺族支え愛ネット」は、泉原らの「ひだまりの会」に参加し、そこで生きる力を取り戻し〝卒業した〟遺族の有志が、みずからの体験を活かした活動を積極的に展開するために立ち上げた組織である。二〇一〇年一月に設立し、同年四月から本格的な活動をスタートした。

その活動のひとつが、患者家族や遺族の相談活動である。

死別体験者である彼らの介護体験や死別体験にもとづく考えかたや対処方法は、いま、まさにそれらを体験している人、あるいは将来そのような立場になる可能性のある人にとっておおいに参考になるだろう。また、医療者向けセミナーや、教育機関などでの出張講義も、活動の一環としておこなっている。医療関係者にとって患者家族側の率直な意見を聞く機会は少なく、貴重な情報交換の場となっている。

昨年（二〇一一年）、私の大学での担当授業に、「遺族支え愛ネット」の会員のひとりである山田冨士雄を招いた。山田は、二〇〇五年のＪＲ福知山線脱線事故で奥様を亡くした被害者遺族であり、事故当時から現在にいたるまでの体験を語っていただいた。約六十分の講演のあいだ、学生たちはみな真剣に耳を傾け、涙を流す学生も数多くいた。

「亡くなった妻の分まで強く生きていきたい」という山田が語る言葉の一つひとつを通して、いのちの重みや前向きに生きることの大切さを私も学生も学んだ。学生が書いた受講後のレポートには、

「ふさぎこんでいたら涙は止まらない。顔を上げ、前を見て、見ても涙が出るけど、歩き出さないといけない」という山田さんの言葉を大切にしたい。

山田さんが前に進むという決断をされたことに深く感動した。それを可能にしたのは、これまでに築かれてきた落語仲間との関係であったり、父親としての責任であったりするのだと思った。

ケアをするときに、遺族や被災者ということではなくて、同じ人間として付き合う、見守る、そばにいることが大事だということを、今後心がけたいと思った。

などの感想が寄せられた。

また、山田は被害者遺族の〝語り部〟として、加害者側であるJR西日本の社員研修の講師を務めている。被害者感情を考えると簡単なことではないと思われるが、山田は「社内での風化防止のために私にしかできないことだという使命感から」引き受けたという。

〝頑張れ〟は禁句か?

泉原も山田も、最愛の人を失った悲しみをかかえつつも、新たな人生を前向きに、力強く歩んでいる姿が印象的である。お二人やNPOの方々が取り組まれている社会的な活動は、社会資源として私たちの社会にとって有益であるのはもちろんのこと、体験者自身にとっても意義のある活動と考えられる。

人は一方的に与えられ、支えられるだけでは、無力感ばかりが募り、なかなか前には進めないこともある。自分も誰かの役に立てることを実感できることで、生き生きとした人生を歩みはじめられるのかもしれない。また、死別の体験を活かして、誰かの役に立つことは、故人の死に意味をもたせることにもつながる。このような活動をすること自体が、遺族にとっては故人の生きた証を残すことにもなるように思われる。

ただ、誰もが彼らのように社会的な活動ができるわけではないし、心身の状態が落ち着いていないなかで、気負っておこなうべきものでもない。人それぞれのペースがあり、おかれた状況もちがうので、なにかしなければとあせる必要はないと思う。

苦しみをかかえた人にむやみに「頑張れ」と言うべきではないという考えは、急速に浸透し、〝頑張れ〟をまるで禁句のようにとらえる風潮もある。たしかに頑張ろうにも自分ではどうしてよいのかわからない遺族にたいしては、「頑張れ」と安易に励ますことは不適切な場合がある。たとえば、二十代で夫を看取った女性は、自分で「頑張らないといけない」とは思ったけれど、まわりの人から言われたくはなかったという。むやみに励ますのがよくないことはまちがいない。しかし、〝頑張れ〟という言葉自体が、悪いわけではない。

まだまだ癒えぬ悲しみに苦しみながらも、故人亡き後の新たな人生をしっかりと見つめ、自分なりの一歩を踏みだそうとしている人たちにたいしては、素直に応援の言葉をかけたいと思う。やろうとするなにかを見つけて、あるいは求めて歩みはじめている人には、「頑張れ」という励ましが元気や勇気を与えることもある。

〝頑張る〟という言葉は、仏教語の〝我を張る〟から転じたともいわれる。〝我を張る〟は、否定的な言葉ととらえられるが、遺族が新たな生きかたを模索するにあたっては、自分の考えを押し通すこともときには必要かもしれない。

3 〝そのとき〟に備えて、いまできること

プレ・ウィドウフッド・エデュケーション

誰もがいつ経験してもおかしくないといくら言われても、多くの人は死別というできごとについて、ふだんの生活で考えることはあまりない。マスメディアを通して語られる死別の体験を、自分の身に置き換えて考えてみることがその場ではあったとしても、あらためてじっくりと深く考えたり、誰かと語り合ったりすることは少ないかもしれない。

死別したら、そのときはそのときだと、考えている人もいるだろう。あるいは、年配の男性に多いのだが、自分のほうが先に逝くので、自分には関係ないと思っているかもしれない。そもそも死や死別という話題は、縁起が悪いし、考えたくないというのが多くの人の本音のように思われる。

しかし、そうはいっても、誰もがいつかは死を迎えるわけであり、いずれ親を亡くす可能性は高く、夫婦であれば、どちらかが伴侶の死を経験することは避けられない。やがて

訪れる親の死や伴侶の死にたいして、ほとんどの人は無防備であるように思う。その死がいずれは避けられないのであれば、その事実に目を伏せるのではなく、その事実を意識したうえでいまできることを考えてみるのもよいだろう。

日本におけるデス・エデュケーション（death education: 生と死の教育）の第一人者である上智大学名誉教授のアルフォンス・デーケンは、その一環として、〝プレ・ウィドウフッド・エデュケーション（pre-widowhood education: 配偶者との死別に備える教育）〟を提唱している。もちろん十分に備えたとしても、大切な人の死を前にして悲しいものは悲しいが、その後の人生の一歩を円滑に踏み出すために日ごろから心がけられることはいくつか考えられる。

ポイントは六つ

以下、私が考える六つのポイントを挙げておこう。

①相手の価値を見つめなおし、関係を大切にする

失ってみてはじめて存在の大きさがわかるということは、よくある話である。いま、目の前にいる人が、数ヵ月後、もしかしたら死んでいなくなると想像してみる。そう考えるだけで、いまより少し優しく接することができるかもしれない。

九・一一米国同時多発テロの後、チェーンメールとして世界中に広まった有名なひとつの詩がある。〝Tomorrow Never Comes（邦題：最後だとわかっていたなら）〟。米国在住のノーマ・コーネット・マレックが亡くなったわが子を悼んで書いたという。そのなかに、こんな一節がある。

そして　わたしたちは　忘れないようにしたい
若い人にも、年老いた人にも
明日は誰にも約束されていないのだということを
愛する人を抱きしめられるのは
今日が最後になるかもしれないことを

一年半ほど前にご主人を亡くした四十代の女性は、私にしみじみとこう語ってくれた。

「七十歳になっても、八十歳になっても、夫婦がともに生きているっていうのはすごく運がいいなと思う。宝くじなんかよりずっと運がいいなって」

自分にとって大切な人がいま生きていることの幸せをかみしめてみませんか。大切な人の死を意識することは、その人とのいまの時間を大切にすることにつながるのである。

②元気なうちにお互いの最期の迎えかたについて話し合っておく

日本のホスピスケアの先駆者である柏木哲夫は、「誕生日に死を思い、結婚記念日にがんを語り合うこと」を提唱している。告知や延命措置はどうするのか、死ぬのは家か病院か、葬儀はどうしたいかなど、どのような人生の終焉を望むのかについて、元気なうちに話し合っておくことは大切である。心残りのない別れなどないのかもしれないが、亡き人のためにできるかぎりのことはしてあげられたとの思いは、残された者の救いになるだろう。

③死別したときに経験することについて知っておく

本書で紹介したような、大切な人を亡くしたときに人はなにを体験し、それにどのように向き合えばよいのかという知識や、遺族を支えるさまざまな取り組みに関する情報を習得しておくことは、みずからが死別という事態に直面したときの一助になると思われる。グリーフケアに関する情報は、それぞれの活動組織がさまざまな媒体を通して発信しているものの、社会的な認知度はまだまだ低く、各種の活動やサービスが広く活用されているとは言いがたいのが現状である。

④家事や金銭管理などの生活技術を身につけておく

ひとりでも生きていけるだけの生活の術があれば、死別後の生活の安定をスムーズに図ることができる。日常の家庭生活においてある程度の役割分担はあって当然だが、なにごとに関しても誰かに全面的に任せっきり、頼りっきりにしていると、いざというとき身動きが取れなくなってしまう。残された者にとって、生活を立てなおすことは大きな課題であり、人によっては過重な負担にもなりかねない。

⑤自分なりの生きがいや人生の楽しみを見つけておく

死別した後の人生をどう生きるかは、残された者にとって重要な課題である。自分なりの生きがいや人生の楽しみをもっておくことで、故人のいない人生を、ただ過去の思い出とだけ過ごすのではなく、より豊かな日々を送ることができるのではないだろうか。本を読むこと、楽器を演奏すること、絵を描くこと、旅行に行くこと、ボランティア活動をおこなうことなど、日ごろから少し視野を広げて、いろいろとチャレンジしてみるのもよいかもしれない。

⑥まわりの人とのつながりを大切にする

死別した後に大きな支えになるのは、家族や友人・知人など周囲の人たちとのつながりである。しかし近年では、とくに男性の高齢者において、女性に比べ、友人とのかかわりや近所付き合いが相対的に希薄であることが内閣府の調査でも示されている。深いつながりは一朝一夕につくられるものではなく、日ごろの交流のなかで培《つちか》われていくものである。ほんとうにつらいとき、手をさしのべてくれる人たちがいるということは、とても幸せなことだと思う。

言葉の力

死別は自分が当事者として経験するだけではない。自分の死によって、身近な人が死別を経験する日もいつかは必ずやってくる。人間はどれだけ身体が丈夫であっても、また日ごろから健康を気づかっていたとしても、百二十歳以上長生きするのはむずかしいといわれる。やがて自分が死を迎えたとき、もちろん誰もまったく悲しまないというのは少しさびしいが、治療が必要なほどに苦しませたくないと思う人は多いだろう。

残していく人のために、いったいなにができるのかを考えることは、大切な人への最後の思いやりのこもったプレゼントを考えることでもある。死にゆく人しだいで、残される人に、深い悲しみのなかにも生きる力を与えることができるかもしれない。

亡き人からの最後の言葉は、しばしば残された者の心のよりどころとなる。

たとえば、一九八五年の日航機墜落事故で亡くなった河口博次さん（当時五十二歳）は、墜落直前に、家族あてに感謝の遺書を記していた。

マリコ、津慶、知代子、どうか仲良くがんばってママをたすけて下さい

本当に今迄は幸せな人生だったと感謝している

惨事から二十五年後の新聞社の取材にたいして、娘の真理子さんは「死に目には会えなかったけど、あのメッセージがあったから、わたしは心の整理をつけられたのかもしれない」と述べている（『日本経済新聞』二〇一〇年八月十日付夕刊）。

私がお話をうかがった方のなかにも、亡き人からの言葉を大切にしている人がいた。「俺な、おまえと結婚してよかった。また生まれ変わってもお前と結婚するからな」

ご主人を若くして亡くした四十代の女性は、亡くなる直前に、夫からこの言葉をもらったという。夫の死から二年近くが経ついま、この女性は働きながら十代の娘二人を育てている。「最高の言葉をもらったから、もうなんの悔いもない。もちろんさびしさはありますよ」という彼女の言葉は、とても力強いものであった。

遺言書と〝エンディングノート〟

遺族のために言葉を残すといえば、遺言書が一般的である。最近では、遺産分割をめぐる親族間の争い、いわゆる〝争族〟が、財産の多い少ないにかかわらず増えているという。

二〇一〇年の司法統計年報では、遺産相続に関する家庭裁判所への相談件数が、全国で約十八万件あり、この十年でおよそ二倍になっている。このような相続をめぐるトラブルは、残された者にとって大きなストレスとなる。それを避けるためには、法的効力をもつ遺言書を残すことが望ましい。実際、遺言書を作成する人は増えている。たとえば、公証人が作成する公正証書遺言の作成件数は、日本公証人連合会によると、二〇一〇年は八万千九百八十四件であり、この十年で一・三倍以上になっている。

近ごろ、このような遺言書とは異なり、法的効力をもたない〝エンディングノート〟と呼ばれる、自分の死を生前から準備しておくノートが密かなブームとなっている。コクヨが二〇一〇年九月に発売した「エンディングノート〈もしもの時に役立つノート〉」は、二十五万冊以上も売れたヒット商品となった。

〝エンディングノート〟には、自分の履歴や資産情報、親族や友人の連絡先、延命措置や臓器移植についての意思、葬式や墓についての要望、大切な人へのメッセージなどを記入できる欄が設けられており、それに沿って手軽に書きこむことができるように工夫されている。このようなみずからの死に備えた覚え書きは、残される者の負担を軽減することにつながるであろう。

ただ、故人の遺志に沿うことが、残された者にとって不利益になることもある。

たとえば最近、「家族に迷惑をかけたくない」ので「自分の葬儀は最小限に、簡素に」と希望する人が増えているという。しかし、残される家族の視点から見れば、葬送儀礼には遺族にとっての意義もある。葬送ジャーナリストの碑文谷創は、弔《とむら》いというのは、残された者の〝義務〟というよりも、〝権利〟というべきかもしれないと述べている。碑文谷は、そのような生前の希望は、とくに団塊の世代に多いとしたうえで、彼らは一人称の目だけで死を見ているのではないだろうかとも指摘している。

みずからの立場からのみで一方的に要望するのではなく、残される家族の立場も十分に勘案して、お互いにとってよりよいかたちの最期を迎えたいものである。そのためには、自分ひとりだけで考えて決めるのではなく、家族との事前の話し合いが大切なのではないだろうか。

死別を忌避する社会のなかで

死別というできごとは、個人的な体験であると同時に、家族としてのできごとであり、そして社会としてのできごとでもある。死別の悲しみは私たちの社会のなかで、どのように受けとめられているのだろうか。

英国の社会学者ジェフリー・ゴーラーが、「死のポルノグラフィー」と題する論文で、現代社会における死や死別の悲しみのタブー化を指摘したのは一九五五年のことである。日本でも、精神科医の小此木啓吾が一九七〇年代に〝悲哀排除症状群〟という言葉を用いて、高度経済成長のなかで現代社会は悲しむことを排除し、現代人は悲しみや苦しみを感じさせるものを眼前から遠ざけておきたい心性に支配されていると論じている。

ゴーラーの指摘からすでに半世紀以上が経ついま、死や死別の悲しみは忌避すべきものとして、ふだんの生活のなかで話題にすることは躊躇され、もしかするとその傾向はさらに強まっているかもしれない。

死や死別の悲しみは、日々の報道のなかで事実として伝えられ、テレビドラマや映画などでもしばしば描かれるなど、メディアを通して目にする機会はけっして少なくない。にもかかわらず、日常生活において〝死〟はあまり触れたくない話題であり、周囲の人とのあいだで積極的に語られることは稀である。

このような風潮は死別した人自身にも内在化しており、みずからの体験についてまわりの人に語ることをためらい、ひとりでかかえこんでいる方も多い。私たちの生きる現在の実社会では、死別の悲しみは隠され、なるべく触れないようにする傾向にあり、それが死別した人の孤立感につながっているように思われる。

日本での遺族のセルフヘルプ・グループの草分けである「ちいさな風の会」を主宰する

若林一美は、次のように著書『死別の悲しみを超えて』（岩波現代文庫）のなかで述べている。

表現としては適切ではないかもしれないが、社会は悲しい人、弱い人が好きではない。そのため悲しみを背負った人たちが社会生活に戻るとき、それなりの気負いを感じる。もう悲しくない、というふりをしたり、強がってみないと仲間はずれにされてしまうような気がしたりしている人は多い。

悲しみそのものは、その人の心のもちようによって変化するものであるが、現代の社会では、その傷口は癒されるよりむしろ、深く広くえぐられていくことが多い。

日本社会において、〝がんばろう主義〟〝元気で明るく主義〟は、一部で憂慮する声はあるものの、まだまだ根強いように思う。死別した人はそのような社会全体の雰囲気を敏感に感じ、意識的あるいは無意識的に、それに合わせようと無理をしている場合もあるだろう。

さらに若林はその著書のあとがきで、「この会は大きくならない方が良いし、なくなればもっと良い……」という遺族の声を紹介し、「そこには自分たちと同じ苦しみを負う人が増えないで欲しいという願いと、できれば特別な集まりのなかだけで想いが共有されるのではなく日常の生活の中で受けとめあえるようになればという気持ちが含まれているのだと思う」と述べている。

寄り添い、支えるという機能の行方

グリーフケアは、精神科医やカウンセラーなどの専門家の領域のみで扱われるべき問題ではない。もちろん複雑性悲嘆のように医学的な治療を必要とする人も存在し、彼らのための治療技術の開発は喫緊の課題であるが、グリーフケア自体は過度に医学化されるべきではない。

死別の悲しみは基本的には自然な反応であり、グリーフケアとは、本来、それぞれの社会や文化に編みこまれたものであって、特別なことではない。あえてグリーフケアという言葉を使わずとも、悲しみにくれる人の気持ちに寄り添い、支えるという機能を、私たちの社会は有してきたし、いまも失われたわけではない。

しかし、その機能が低下しつつあるなか、第三者に委ねたいというニーズが顕在化してきたのではないだろうか。かつて共同体のなかで親戚縁者や隣人の手によって担われていた葬儀が、葬儀社に委ねられるようになったのと同じように、身近な人のあいだで悲しみを分かち合い、支え合うという機能も、外部の第三者に求められつつあるのかもしれない。

　死別の悲しみはできれば避けたい体験ではあるが、愛着関係が乏しく、別れの悲しみのない人生が望ましいとはいえない。死を悲しみ、悼むということは、その人との深いつながりが、たしかにそこに存在したことの証である。

〃悲しみのない世界〃は、しばしば理想郷のように語られることがある。しかし、死別の悲しみは否定されるべきものではなく、豊かな人間関係のある社会のバロメーターであるとも考えられる。悲しみのない世界は理想かもしれないが、悲しみを排除し、あたかも悲しみがないかのような見せかけの社会であってはならない。

　大切な人との出会いの副産物である死別の悲しみの存在を積極的に認め、それを受けとめるだけの度量が、真に豊かな社会には求められる。悲しみにくれる人を孤立させないことが重要であり、彼らを取り巻く人びとや社会において悲嘆にたいする正しい理解と共感が望まれる。死別後の悲嘆を理解し、受け容れてくれる身近な人の存在があれば、多くの人には第三者からの介入は無用かもしれない。遺族はけっして無力ではないのだから。

おわりに

悲しめない不幸

私たちの人生や社会には、「悲しみ」があふれている。しかし、表層的ではない身を切られるような深い「悲しみ」をいったいどれだけの人が経験しているのだろう。

本書の冒頭で、人生は出会いと別れの連続であると述べたが、すべての出会いが、悲しみをともなう別れとして終わるわけではない。別れの悲しみというのは、その人と別れたくないという思い、相手への愛情の裏返しである。つまり、たんなる出会いだけではなく、その後にその人が愛情を注《そそ》げる存在となることではじめて、別れの悲しみを経験することになる。ある人との出会いが良いものかどうかは、出会った時点では必ずしもわからない。別れの時に、振り返ってみてはじめてその出会いの価値に気づくこともある。

人生において、悲しい別れは不幸な出来事にちがいないが、悲しい別れのない人生はもっと不幸なのかもしれない。人間関係が希薄化した社会では、「悲しめない不幸」もあるように思う。

故人への深い愛情を感じさせる遺族の方々のお話をふりかえりながら、そんなことをふと考えた。

けっして「悲しみ」を推奨するわけではないが、人は、深く悲しむことを知らずに、本当の喜びは感じられないのではないだろうか。いのちのはかなさを実感する機会がなければ、いのちの輝きを心で感じることはむずかしいのではないか。苦しみのなかで自分の弱さを知ることがなければ、自分の強さに気づくことはできないのではないか。

社会のなかで悲しみが忌避され、タブー視されるのではなく、一人ひとりがありのままの悲しみに向き合い、しっかりと悲しめることが、いまよりも心豊かな社会への発展につながっていくように思われる。

父の死と恩師との出会い

私が父を亡くしたのは、いまからちょうど二十年前、大学受験を六日後に控えた冬の日だった。当時の私は、「グリーフケア」などまったく知らず、身内の死を経験した思春期の若者にありがちなように、その体験を誰かにとくに話すということもなかった。「なぜ自分の父が？」という思いは強かったものの、やがて「あきらめ」に似た心境になっていった。恩師の柏木哲夫先生（現金城学院学院長）に出会ったのは、ちょうどそんなころであった。

私が入学した翌年に、ホスピス医であった柏木先生が赴任してこられ、「死」や「老い」を研究テーマに掲げた講座（研究室）が開設された。もともと心理学に関心のあった私は、導かれるようにその門を叩き、ほどなくして「グリーフケア」という言葉を初めて知ったのである。

このような人生の出会いと別れのめぐり合わせによって、いまに至るまで関わることになった「グリーフケア」であるが、知れば知るほどに、死別という体験の多様さと支援することの奥深さを強く感じている。極言すれば、死別という体験は、十人いれば十通りの体験があり、十通りの支援のかたちがある。それを十把《じっぱ》一絡《ひとから》げにして論じることにはそもそも無理がある。

本書が多くの人の力に少しでもなれば幸いであるが、おそらく誰にでも等しく有用であるというわけにはいかないだろう。ただそうであったとしても、少なくとも悲しみの渦中にある当事者の方々をさらに苦しめることだけはないように、というのが本書を執筆するにあたって一番に考えたことである。もし不快な思いをされた方がいたとすれば、私の不徳の致すところである。心よりお詫びしたい。

最後に、二十年近くに及ぶ私とグリーフケアとの歩みにおいて、数多の知識と知恵を与えてくださった柏木先生をはじめ多くの先達の方々、さまざまな活動を通してともに考え、学ばせていただいた皆様、そして私がこれまでにお話をうかがったご遺族お一人おひとりに心からお礼を申し上げたい。また、本書の刊行のきっかけを与えてくださった講談社の横山建城氏と、最後まで細やかな心遣いをしていただいた現代新書出版部の森田康氏にも深く感謝したい。

二〇一二年一一月

坂口幸弘

主要参考文献

相川充『愛する人の死、そして癒されるまで―妻に先立たれた心理学者の〝悲嘆〟と〝癒し〟』大和出版、二〇〇三年
トーマス・アティッグ『死別の悲しみに向きあう』林大訳、大月書店、一九九八年
フィリップ・アリエス『死を前にした人間』成瀬駒男訳、みすず書房、一九九〇年
ミッチ・アルボム『普及版　モリー先生との火曜日』別宮貞徳訳、NHK出版、二〇〇四年
石井千賀子「遺された家族へのケア」、日下忠文・斎藤友紀雄編『現代のエスプリ455　自殺と未遂、そして遺された人たち』至文堂、二〇〇五年
石川忠久『漢詩と人生』文春新書、二〇一〇年
江藤淳『妻と私』文藝春秋、一九九九年
ジェニファー・エリソン、クリス・マゴニーグル『夫の死に救われる妻たち』木村博江訳、飛鳥新社、二〇一〇年
大西秀樹「遺族外来からみえてきたもの」平山正実編『死別の悲しみから立ち直るために』聖学院大学出版会、二〇一〇年
小此木啓吾『対象喪失―悲しむということ』中公新書、一九七九年
垣添忠生『妻を看取る日―国立がんセンター名誉総長の喪失と再生の記録』新潮社、二〇〇九年
柏木哲夫『あなたともっと話したかった―日本のホスピス生みの親・20年の実践』日経ビジネス人文庫、二〇〇三年
門林道子『生きる力の源に―がん闘病記の社会学』青海社、二〇一一年
河野裕子・永田和宏他『家族の歌　河野裕子の死を見つめた344日』産経新聞出版、二〇一一年
川本三郎『いまも、君を想う』新潮社、二〇一〇年
アレン・クライン『笑いの治癒力Ⅱ―ユーモアと死と癒し』片山陽子訳、創元社、二〇〇一年
倉嶋厚『やまない雨はない―妻の死、うつ病、それから…』文春文庫、二〇〇四年

黒川雅代子「遺族のセルフヘルプ・グループの実際と課題―子どもを亡くした母親の語りより―」『人間福祉学研究』三巻一号、四三―五七、二〇一〇年
玄田有史『希望学』中公新書ラクレ、二〇〇六年
小西聖子・白井明美『「悲しみ」の後遺症をケアする―グリーフケア・トラウマケア入門』角川学芸出版、二〇〇七年
小西聖子『新版　トラウマの心理学―心の傷と向きあう方法』NHK出版、二〇一二年
坂口幸弘『悲嘆学入門―死別の悲しみを学ぶ』昭和堂、二〇一〇年
澤井敦『死と死別の社会学―社会理論からの接近』青弓社ライブラリー、二〇〇五年
キャサリン・M・サンダーズ『家族を亡くしたあなたに―死別の悲しみを癒すアドバイスブック』白根美保子訳、ちくま文庫、二〇一二年
スサン・シュークヴィスト編『パパ、ママどうして死んでしまったの―スウェーデンの子どもたち31人の手記』ビヤネール多美子訳、論創社、二〇〇八年
城山三郎『そうか、もう君はいないのか』新潮文庫、二〇一〇年
瀬良信勝「死別の悲しみに寄り添う『悲嘆ケア』」青木新門他『死から見る生―自殺と終末期医療を考える』佼成出版社、二〇〇七年
高村光太郎『智恵子抄』新潮文庫、二〇〇三年
アルフォンス・デーケン「悲嘆教育」日野原重明・山本俊一共編『死生学第3集』技術出版、一九九〇年
波平恵美子『日本人の死のかたち―伝統儀礼から靖国まで』朝日選書、二〇〇四年
ロバート・A・ニーマイアー編『喪失と悲嘆の心理療法―構造主義からみた意味の探究』富田拓郎・菊池安希子監訳、金剛出版、二〇〇七年
野田正彰『喪の途上にて―大事故遺族の悲哀の研究』岩波書店、一九九二年
トーマス・バーゲンソール『幸せな子　アウシュビッツを一人で生き抜いた少年』池田礼子・渋谷節子訳、朝日文庫、

二〇一二年
コリン・M・パークス『死別―遺された人たちを支えるために』桑原治雄・三野善央訳、メディカ出版、二〇〇二年
東山紘久『プロカウンセラーの聞く技術』創元社、二〇〇〇年
碑文谷創『死に方を忘れた日本人』大東出版社、二〇〇三年
広瀬寛子『悲嘆とグリーフケア』医学書院、二〇一一年
藤田正勝『西田幾多郎―生きることと哲学』岩波新書、二〇〇七年
古内耕太郎・坂口幸弘『グリーフケア―見送る人の悲しみを癒す～「ひだまりの会」の軌跡』毎日新聞社、二〇一一年
ジョン・ボウルビィ『母子関係の理論　Ⅲ 対象喪失』黒田実郎他訳、岩崎学術出版社、一九八一年
エレナ・ポーター『少女パレアナ』村岡花子訳、角川書店、一九八六年
ノーマ・コーネット・マレック『最後だとわかっていたなら』佐川睦訳、サンクチュアリ出版、二〇〇七年
三浦綾子『道ありき〈青春編〉』新潮文庫、一九八〇年
若林一美『死別の悲しみを超えて』岩波現代文庫、二〇〇〇年
鷲田清一『わかりやすいはわかりにくい？―臨床哲学講座』ちくま新書、二〇一〇年

N.D.C.140　254p　18cm
ISBN978-4-06-288185-2

講談社現代新書　2185

死別《しべつ》の悲《かな》しみに向《む》き合《あ》う——グリーフケアとは何《なに》か

二〇一二年一二月二〇日第一刷発行　二〇二二年一〇月二一日第五刷発行

著　者　坂口幸弘《さかぐちゆきひろ》　©Yukihiro Sakaguchi 2012

発行者　鈴木章一

発行所　株式会社講談社

東京都文京区音羽二丁目一二—二一　郵便番号一一二—八〇〇一

電　話　〇三—五三九五—三五二一　編集（現代新書）
〇三—五三九五—四四一五　販売
〇三—五三九五—三六一五　業務

装幀者　中島英樹

印刷所　株式会社KPSプロダクツ

製本所　株式会社国宝社

定価はカバーに表示してあります　Printed in Japan

「講談社現代新書」の刊行にあたって

教養は万人が身をもって養い創造すべきものであって、一部の専門家の占有物として、ただ一方的に人々の手もとに配布され伝達されうるものではありません。

しかし、不幸にしてわが国の現状では、教養の重要な養いとなるべき書物は、ほとんど講壇からの天下りや単なる解説に終始し、知識技術を真剣に希求する青少年・学生・一般民衆の根本的な疑問や興味は、けっして十分に答えられ、解きほぐされ、手引きされることがありません。万人の内奥から発した真正の教養への芽ばえが、こうして放置され、むなしく滅びさる運命にゆだねられているのです。

このことは、中・高校だけで教育をおわる人々の成長をはばんでいるだけでなく、大学に進んだり、インテリと目されたりする人々の精神力の健康さえもむしばみ、わが国の文化の実質をまことに脆弱なものにしています。単なる博識以上の根強い思索力・判断力、および確かな技術にささえられた教養を必要とする日本の将来にとって、これは真剣に憂慮されなければならない事態であるといわなければなりません。

わたしたちの「講談社現代新書」は、この事態の克服を意図して計画されたものです。これによってわたしたちは、講壇からの天下りでもなく、単なる解説書でもない、もっぱら万人の魂に生ずる初発的かつ根本的な問題をとらえ、掘り起こし、手引きし、しかも最新の知識への展望を万人に確立させる書物を、新しく世の中に送り出したいと念願しています。

わたしたちは、創業以来民衆を対象とする啓蒙の仕事に専心してきた講談社にとって、これこそもっともふさわしい課題であり、伝統ある出版社としての義務でもあると考えているのです。

一九六四年四月　野間省一